平凡社新書
1025

政治家の酒癖

世界を動かしてきた酒飲みたち

栗下直也
KURISHITA NAOYA

HEIBONSHA

政治家の酒癖●目次

はじめに

なぜ、岸田首相の「酒豪」がアピールされたのか

低支持率にあえぐ岸田文雄内閣。安倍晋三元首相が銃弾に倒れ、旧統一教会問題が噴出し、対応に追われている。「岸田は頼りない」「やっぱ菅さんのままで良かったよな」。そんな声すら聞こえてこないほど国民も諦めモードだ。

一年半ほど前は違った。

「祖父と父も衆議院議員の政治家一家」「リベラルの牙城「宏池会」の領袖」「(超進学校)開成高校の出身」「大のカープファン」、そして「政界随一の「酒豪」」。

二〇二一年九月二九日午後に自民党総裁に選出されると、その直後からメディアでは岸田氏の人となりが紹介された。特に岸田氏の酒豪ぶりを示すエピソードは豊富で、いくつもの具体的な逸話が掲載された。

・銀行員時代の後輩と一緒に飲みに行った際に後輩が他人に絡まれると、静かな低い声の広島弁で「許してやってくれんかのう」と助け舟を出してくれ、難を逃れた。
・三〇、四〇代は年に一回は記憶がなくなるまで飲み、一緒に飲んでいた人に電話をかけ、どこまで一緒だったかたどり、記憶を繋げた。
・若手政治家時代に台湾の政治家との飲み会で乾杯攻勢にあい、酒に弱い日本側の同席者の杯を一手に引き受けた。
・安倍元首相が新人候補の頃は選挙区が隣県のため、応援に訪れては酒が飲めない安倍氏に代わりビールをガブ飲みした。
・外相時代には、ロシアの酒豪で知られるラブロフ外相とウォッカの杯をどんどんあけた。

マイルドでおとなしそうな新総裁が実は豪快に酒を飲み、男気にあふれる意外な一面を押し出す広報戦略なのかもしれない。だが、こんなに酒飲みキャラで押す必要があるのだろうかという疑問を抱く人も少なくなかったはずだ。

そもそも今の若い人は酒を飲めても豪快と思わない。豪快に体に悪い行為をしているとしか思わない。若い有権者は投票に行かないので、中高年に向けたイメージ戦略だったのかもしれない。だが、老若男女を問わず「男気あふれているならシラフで発揮してくれよ」と考えるだろう。それにもかかわらず、どこ吹く風の「酒豪」押し。それほどまでに政治と酒は切り離せないともいえる。

会食、特に酒は人と人の潤滑油にもなるし、摩擦にもなる。為政者たちはそのことを知りつくしているからこそ、自身が酒を飲まなくても酒を人に勧め、会食の場を大切にしてきた。

源頼朝やロシアのピョートル大帝は酒を飲ませ、部下の本心をさぐり、中国の周恩来は乾杯を重ねながらも口に含んだ酒をナプキンに出し、相手にひたすら飲ませた。田中角栄は一時間おきに宴席を梯子し、人心掌握に努めた。

酒は使い方によっては便利だが、時に危険だ。自身が飲み過ぎれば、当然、自らの立場を危うくする。

明治の元勲のひとりである黒田清隆は酒乱のあまり、妻を斬り殺した疑惑をかけられた。ロシアのエリツィン大統領は他国の大統領のはげ頭をスプーンで叩いたり、泥酔して会談をすっぽかしたりした。

ただ、難しいのは、酒に飲まれるリスクを恐れて、酒を飲まなければいいということではないことだ。確かに、トルコ建国の父であるムスタファ・ケマル・アタテュルクが酒を飲み過ぎて早死にしなければヨーロッパの歴史は変わったかもしれない。だが、英国のウィンストン・チャーチルが朝から晩までウイスキーを飲めなかったら、ストレスで第二次世界大戦の行方が変わったといっても英国人は笑わないだろう。そして、二〇二三年の今、酒を飲まないからといって人間は合理的な判断を下すとは限らないことは、ロシアのウラジミール・プーチン氏が証明してくれた。

立身出世のためには酒や会食をうまく使うのは欠かせないが、酒を飲むか飲まないかに正解はない。時代や置かれている立場で変わる。米国の大統領は二一世紀に入って以降、過半が禁酒派だが、米国の世界での存在感は高まっても低下してもいない。

本書を読んでいただければ、今、当たり前だと思われていることがかつては決して当たり前でなかったし、今、当たり前なことが正しいとは限らないことがわかるはずだ。もちろん、今後どうなるかはわからないが、未来は過去からしか学べない。

歴史を支えた者たちがいかに酒と向き合ってきたか。そして、酒癖が悪い為政者は実務にどのような影響を与えたのか、それとも実はほとんど影響がなかったのか。そこにはアフターコロナでの人付き合い、酒付き合いのヒントも転がっているはずだ。

第一章　「酒品が人品」の日本人政治家たち

黒田清隆、伊藤博文――妻を酔って斬り殺す？ 鹿鳴館で強制わいせつ？

二〇世紀末までは、都内のターミナル駅には昼夜を問わず、カップ酒片手にふらふらしながら怪しい目つきをしたオジサンがいた。通りすがる人々に「てめえ、なにしてんだよ、バカヤロー」などと絡んだり、奇声を発したりしていた。叫んでいたり、怒ったりしている方向には誰もいないだけに恐怖を感じたが、彼らのような種族は一体どこにいってしまったのだろうか。

「酒を飲まなければいい人」は昔から無数に存在する。確かに、酒を極度に飲んでいる状態とは脳が麻痺した状態なので、「いい人」でなくなってもおかしくない。社会規範を守ろうという意思が人によってはぶっ飛ぶ。暴言を吐いたり、暴力を振るったりするのも脳がまともに機能しないから防ぎようがない。だから、酒乱の政治家にマトモであることを求めてはいけない。彼らは病気なのだ。「そもそも、政治家の大半はマトモでないし、酒を飲もうが飲むまいが関係ない」という考えもあるかもしれない。しかし、酒を飲んだ勢いで妻を斬り殺した疑惑をかけられた政治家は、近代以降では黒田清隆しかいないだろう。

黒田は、一八四〇年に薩摩藩の最下級武士の家に生まれる。戊辰戦争では鳥羽伏見から五稜郭まで転戦している。陸軍中将、参議、北海道開拓長官を歴任し、西南戦争では征討参軍として、戦功を立てる。西郷隆盛、大久保利通の死で薩摩派の頭領になり、一八八八年に伊藤博文の後を受け、二代目の内閣総理大臣に就任した。

黒田は刀が趣味で、酒を飲みながら刀を抜くなど少しばかりクレイジーなところがあった。だが、時代が時代だ。少し前まで、戦場どころか、いきなり路上で見知らぬ相手に斬りかかっていたわけだから、刀を抜くぐらい大した問題ではない。

さて、肝心の妻殺しだが証拠はない。恐ろしいのは、それにもかかわらず、「黒田は妻を殺した」とほぼ事実として言い伝えられていることである。

一八七八年三月の夜、泥酔して帰宅した黒田は、出迎えが遅いと腹を立て、妻せいを斬殺したと伝えられる。せいは旧幕臣旗本の娘で二三歳だった。

当時三八歳の黒田は新政府最高位の参議の一人。黒田による惨殺疑惑を、新聞「団々珍聞」がスッパ抜いたことで世の中は騒然となる。辞任は免れぬ情勢だったが、時の最高実力者で同じ薩摩出身の大久保利通が、もみ消しに走る。腹心の大警視の川路利良《かわじとしよし》が自ら黒田夫人の墓を暴いて検視に当たる。川路は掘り起こした後に、辺りをにらみつけながら、「他殺の形跡なし」と報告して一件落着したという。川路がこの時、何を思ったかを伝えるものはないが、この頃から日本の政治に「忖度」の文化が垣間見えるのは気のせいだろうか。

司馬遼太郎の『翔ぶが如く』にも「泥酔してもどった黒田が、ささいなことから妻を斬り、死にいたらしめたらしい」とある。大久保の意を受けた川路が、墓を掘って「他殺の形跡はない」と決めつけたとも書いている。国民的ベストセラー作家の記述も手伝い、令和の今まで黒田が妻を斬り殺したのは間違いないという話が広く普及してしまったわけだ。

司馬は黒田を「一定量の酒精が入ると人格が一変するという点では、かれに見るほどの典型症状はすくないにちがいない」ともしており、上役の「三条実美や同僚の伊藤博文、井上馨ですら（中略）乱酔中のかれから罵倒されたり、ピストルでおどされたりした」と書いている。アルコールなら何でも摂取したがるかのごとく、脅すのなら刀もピストルもなんでもござれな感じが確かに酒乱っぽい。

とはいえ、司馬に限らずだが、黒田の妻殺しの記述は、酒癖が悪いやつは妻も斬りかねないと決めつけている感がいささか気になる。実際、黒田の妻殺しは、少し調べるだけで、妻の斬殺シーンの状況が違ったり（例えば黒田が激高する理由が出迎えが遅かったでなく、妻が芸者遊びを咎めたのが原因とか）、事後に火消しに走った大久保の関わり方が異なったりしている。

これは当時の状況も大きく関係している。新聞に黒田の妻殺し疑惑をすっぱ抜かれたことで、反政府運動への飛び火を懸念した政府は黒田問題の鎮火に動き出す。

焦った政府は臨時閣議を開催。閣議は薩摩と長州の政争の具にされたところもあり、紛糾した。薩摩出身の黒田の醜聞とあり、ここぞとばかりに長州出身の伊藤博文が「掘れ！墓を掘って検視しろ」と激しく主張したとか。一国の未来を左右しかねない閣議で「掘れ！」」と激高とは、明治維新の覇権争いの激しさがうかがえる。

ちなみにこの時の怨みが黒田にはあったのか、約一〇年後に酔って長州閥に狼藉を働くことになる。

内閣を率いていた黒田だが就任から一年半後の一八八九年一〇月に辞職に追い込まれる。当時、欧米列強との不平等条約の改正を進めていたが、妥協してまで進めたくなかった伊藤が自らも枢密院議長の立場にありながら、倒閣に動いたのが引き金となった。「伊藤の野郎!!!!　いつも邪魔しやがって」と黒田が怒り狂ったことは容易に想像できるだろう。

薩長の派閥の違いもあり、汚名を着せられた形の黒田の怒りはおさまらない。同年一二月に酔いに酔った黒田は伊藤と同じ長州閥の井上馨《かおる》の邸宅を訪れる。訪れるといっても冷静に話し合う気はない。そもそもシラフではない。井上は不在だったが、怒りはおさまらず、応対した使用人に「今日は明治政府の姦賊《かんぞく》を誅戮する為に推参したり」などと数々の暴言を吐く。どっちが姦賊じゃ！　そもそもおまえはただの酔っ払いだろ!!　とは使用人も突っ込みたくて仕方がなかっただろうが相手は酒乱。黙るしかない。

可哀想なのは井上だ。井上にしてみれば、伊藤と同じ長州出身とはいえ、自身には関係ない話なのだが、黒田にとっては井上はにっくき伊藤の仲間。「伊藤一派許さん！」と殴りこみにいったというわけだ。もはや、暴力団の抗争さながらである。

暴走機関車のような黒田だが、黒田も黒田で意外にセコく、この頃長州どころか政界のドンになっていた伊藤や、同じく長州閥で陸軍を統括していた山県有朋にカチコム度胸はなく、「長州でも井上ぐらいなら、大丈夫かな」と計算ずくで酔狂を演じた可能性が高い。

いっぽう、黒田の前に立ちはだかった伊藤だが、彼も酒好きで有名で、日本酒を特に好んだ。伊藤は一八八〇年代前半、四〇歳を超えた頃、憲法の調査と策定に動き出すが、政府内で理解を得られず苦しんでいた。そのいらだちもあり、この時期、神経症に陥り、深酒に走る。毎夜、一升の酒を飲むことで、ようやく寝付けたという。酒を控え始めたのはそれから約二〇年後の還暦手前。一八九九年五月、五七歳の時に旅先から妻に日本酒は一滴も飲んでいないと報告している。

余談だが、伊藤は酒以上に女性好きで知られる。「箒《ほうき》」のあだ名を付けられていたほどだ。これは、掃いて捨てるほど関係を持っている女性がいることを意味した。明治天皇にたしなめられたこともあるというから、いかに度を過ぎていたかがわかるだろう。

鹿鳴館時代には当時、首相職にあった伊藤が戸田伯爵夫人の極子《きわこ》（岩倉具視の娘）に暴行したとされるスキャンダルを起こす。これは、東京日日新聞が政府高官のスキャンダルを報じたのが端緒となった。記事は、若い貴婦人が髪を振り乱した半狂乱の体でバタバタと鹿鳴館から駆けてきたというものだ。彼女は客待ちしていた車を呼びとめ、乗るなり幌を深くおろし、とある伯爵家の前で降りたという。

単なる憶測記事のようにも映るが、娯楽が少ない時代だけに、いくつかの続報もあり、人々の野次馬根性を刺激するには十分な材料だった。伊藤の女好きの悪評もあり、伊藤が伯爵夫人を暴行したとの噂は八方に広がり、警視総監が調査を指示する事態にまで発展する。

これは反伊藤派の揺さぶりとの見方が支配的だが、暴行はなくても密通はあったとの指摘は少なくない。

ちなみに、妻によって思わぬ醜聞に巻き込まれた戸田伯爵は騒動から四〇日あまりで、オーストリア・ハンガリー兼スイス駐在全権公使に栄転する。これまた忖度の香りが猛烈に立ちこめているのは気のせいだろうか。

話が逸れてしまったが、伊藤が「掘れ！　掘れ！」と叫んだ黒田の処遇を決める閣議に戻ろう。伊藤が激高する一方、出席者の一人である大木司法卿は伊藤に対して、「証拠もなくそんなことはできない」と述べる。議論が平行線をたどったところ、実質的な最高権力者の大久保が意見を求められ、「大久保をお信じくださるなら、黒田もお信じくだされたい」と発言し、さすがの伊藤も黙らざるをえず、みな、納得して、閉会したという。

もちろん、この内容だけで、黒田が妻を殺してないとも、大久保が墓を掘り起こすことを命じてないとも決めつけられない。問題は事実がここまで曖昧でありながら、黒田による斬殺説と墓の掘り起こしが現代にまで広く浸透したことである。

結論を述べると、それは全て、黒田の身から出たさびだ。斬殺疑惑の二年前、黒田は、一八七六年の夏に黒田長官大砲事件と言われる事件を起こしている。北海道の開拓長官であった黒田は乗っていた船から突然、沖の岩礁を目がけて大砲を放つ。これが誤射になり、弾が漁師の斉藤清之助の小屋を直撃。破片が飛び散り、母屋にいた娘が重傷を負い、亡くなったのだ。

砲撃の理由は謎だが、酒に酔った黒田が、船内で「少年よ大志を抱け」で有名なクラーク博士との議論にいら立ち、砲撃を命じたとの説もある。諸説あるのだが、結局、黒田はいずれにせよ酔っている。酔っていたことには議論の余地は無い。もはや、論点は、どのような酔いっぷりの末、砲撃したかでしかない。頑張って好意的に捉えても、結局、黒田＝酒乱の構図は変わらない。

司法権者であった当時の黒田は罰金一〇〇円を船長に課し、船の監督から徴収した四〇円を清之助に埋葬料として渡し、事件をおさめようとした。当然、清之助は怒りがおさまらず大問題になった。

「酔って大砲で誤殺しているわけだから、妻を斬り殺してもおかしくない」。レッテルを貼られるとイメージの回復が難しいのは古今東西変わらないのである。

首相経験者が妻を斬殺したりしては末代までの恥にもなりかねないが、驚くなかれ、実際、現代までこの事件は影響を残している。

二〇〇五年一月五日の朝日新聞朝刊によると、黒田清隆のひ孫の黒田清揚《きよあき》さんの体験を、「酒席で、「おおこわ。黒ちゃんの隣に行くとたたき斬られちゃう」と揶揄《やゆ》されたこともあったという」と紹介している。当時、七四歳の清揚さんは「あんまりだ」と憤っているが、確かにあんまりである。「やーい、お前のひいじいちゃん、嫁さん殺したんだろ」って、まるで子どものいじめであるが、リーダーたる者、ちょっとした酔いすぎが、自らの地位のみならず、子孫にまで類が及ぶことを頭の片隅には入れておくべきだろう。

高橋是清——朝から飲む、夜も飲む、それでも学ぶ

「日本銀行総裁、大蔵大臣、商工大臣、農林大臣、内閣総理大臣等を歴任した政治家」

「昭和恐慌から日本経済を回復させた財政家」

「特許や商標など、日本の産業財産権制度の生みの親」

「一九三六年に軍事費抑制をめぐり軍部と対立し二・二六事件により暗殺された悲運の人」

「東京大学合格者数日本一を誇る開成学園の初代校長」

高橋是清ほど多くの顔を持ち、波瀾万丈の四文字がふさわしい政治家は少ない。

日銀総裁を皮切りに政界の重要ポストを歴任した高橋だが、日銀に初めて身を置くのは三七歳の時。そして、その頃、高橋は無一文だった。国家の期待を背負ったペルーの銀山発掘事業で大失敗し、日本に戻ってきても福島での農場経営や上州（今の群馬県）での鉱山開発に立て続けに失敗。借金の清算に屋敷も売り払い、借家住まいの身。「丁稚からやりなおす」と日銀の事務主任で雇われた。

今ならアラフォーからのスタートはめずらしくないかもしれないが、当時の平均寿命は四〇歳そこそこ。もちろん、これは医療が現代ほど発達していなかったため、乳幼児の死亡率の高さが影響しているが、四〇歳まで生きた場合の平均寿命でも六五歳程度。三七歳では人生の折り返しはとっくに過ぎている。日銀に職を得たとき、高橋が英語教師としてかつて教えていた頃の生徒が日銀の上役だったことからも、文字通り「丁稚」からの再スタートだったことがわかる。

英語というキーワードは、高橋の人生を語る上で酒と並んで切り離せない。

一八五四年、幕府御用絵師の川村庄右衛門と奉公人の娘との間に生まれ、仙台藩の足軽高橋是忠の養子となる。一三歳の時、藩の留学生に選ばれ、米サンフランシスコに渡る。

高橋はすでに、この船の中で鯨飲している。自分の金で飽き足らず、一緒に留学する者の金まで酒に費やして飲んでしまう。

高橋是清

「一三歳で大酒飲みかよ。法律破るなよ」と突っ込みたくなるかもしれないが、当時は酒は誰でも飲めた。例えば、福沢諭吉は物心つくかつかない頃から散髪で泣くのをなだめるために親から酒を与えられていた。というのも、日本で未成年の飲酒が法律で禁じられたのは一九二二年のことで大正時代まで待たなければいけない。

一九〇〇年に未成年の禁煙法が実現し、それに尽力した衆議院議員の根本正《しょう》が未成年の禁酒についても粘り強く、法案を出し続けた。八回目にしてようやく衆議院を通過したが、貴族院（当時）でその後一〇回以上否決される。それでも根本はめげなかった。なぜ、そこまで固執したのかと思われるだろうが、これは根本の背後に禁酒運動の団体（日本禁酒同盟会）がいたからだ。

一〇〇年近く前と聞くと酒に寛容な社会を思い浮かべるだろうが、酒に対する視線は決して温かくはなかった。娯楽が少なかったこともあり、酒をつい飲みすぎて生活が破綻する人も少なくなかったからだ。実際、未成年の飲酒を禁じた四年後の一九二六年には禁酒制限を二五歳まで引き上げる法案も衆議院を通過している。これは貴族院では否決され、翌年以降は衆議院でも法案を通すことができなかったが、当時の禁酒運動の盛り上がりがうかがえる。年齢引き上げだけでなく、女性の飲酒禁止法案を検討するなど、全面的な禁酒実現のための運動熱が高かった。

話を戻そう。是清は米国に着くと、勉強どころか、受け入れ先の家で召使いのように家事を命じられる。「聞いていた話と全然違う。全く勉強できないではないか」と嘆いたかどうかはわからないが、疑念を抱くようになるのに時間はかからなかった。しばらくすると、その家の者から、「私たちよりも金持ちでもっと待遇のいいステイホーム先に行かないか」と誘われ、渡りに船とばかりに二つ返事で了承する。書類を渡されると、同じ仙台藩の者が「よくわからないが、三年間、なにかしなければいけないと書いてあるぞ」と指摘するが、誰もまともに英語がわからない。それにもかかわらず、「今よりは良い環境になるだろう」と、意味もわからずサインしてしまう。昔も今も、気軽にサインをしてはいけない。それは、奴隷の売買契約書だった。

移った先の家で、さすがにおかしいと気づき始めたがどうしようもない。それどころか、奴隷としてさらに転売されそうになる。関係各所の尽力もあり契約を破棄し、なんとか帰国する。

その後、面識のあった森有礼《ありのり》の書生になり、大学南校（現東京大学）に入学する。一学生として学ぶつもりで入るも、海外帰りの語学力を買われ一五歳にして教授手伝いに。奴隷の身から大出世を遂げ、一心不乱に勉強するも一七歳の時に道が逸れ始める。知人に茶屋に連れて行かれ、酒だけでなく、芸者遊びに溺れるようになる。

高橋は「こんな楽しいことがあったのか」と感動したのだろう。芸者遊びが生活の中心になるまで時間はかからなかった。芸者遊びがしやすい場所に引っ越し、放蕩を繰り返し、学校も欠勤しがちになる。「あいつ大丈夫か」という空気が職場に流れる中、芸者連れで芝居に出かけ、痛飲している姿を学校の同僚に目撃され、自ら辞職を願い出る。

どうポジティブに解釈しても、どこをどう見ても、ここまではのちに「日本のケインズ」と呼ばれる財政家の欠片が全く見つけられない。

多少あった蓄えは放蕩三昧で使い切り、無職になったので収入のめどもない。一念発起して再度立ち上がるかと思いきや、芸者の家に転がり込む。ひたすら転落し続けて、ヒモになる。のちの首相がヒモである。暇だから、芸者の三味線を運ぶ手伝いを始める。

激動の明治、そして高橋が一〇代とはいえ、のちの国家を支える俊英としての気配が全く見当たらないのも驚きだろう。

高橋の豪快さを語る上で外せないのが、ヒモ時代を経てからの九州・唐津藩の英語学校時代だ。芸者のヒモを一生やるわけにもいかない。さすがに何かしなければと知人の紹介で唐津に英語教師として赴任するが、赴任初日からVIP待遇で迎えられる。

出迎えには、馬や籠が藩境まで用意されていた。いざ唐津の城下町に着くと屋敷に通され、歓迎会が始まる。当時のこうした席では相手を負かすように飲みまくるのが常だった。ところが、高橋と同時期に赴任したほかの二人は、宴席の場にいながら酒を全く受け付けなかった。結局、高橋ひとりで四〇人の藩士を相手にしたため、高橋の評判がすこぶる高まったという。

さすがに四〇人相手は無理があろうと思うが、留学に行く途中で仲間の金まで使って飲んでしまったり、芸者遊びで学校を実質クビになったりする男である。令和の物差しで測ってはいけない。

実際、この頃の高橋の酒量は鯨並みだ。一日三升、つまり四・五リットルだ。仕事が終わってから、それだけ飲むのは簡単ではない。確かに仕事終わりにだけ飲もうとすれば容易ではないが、高橋は朝から飲んでいたから、わけもなく飲めたのだろう。

朝は教場に出る前に冷や酒をやり、昼は一升、夜は学校の幹事などを集めて酒盛りをやるという風で、毎日平均三升ずつは飲んでいた。

（『高橋是清自伝（上）』）

酒の肴はきまって鳥鍋で、日曜日になると学生などを連れて村落まで行っては、鳥を買って飼育しながら毎晩二羽ずつくらい料理していたという。

なんだか楽しそうな日々にみえる。実際に楽しかったのだろう。長期休みには鯨捕りの見物にも出かけている。とはいえ、すぐに鯨が捕らえられる光景を目にできるわけではない。知己の庄屋の家で夜通し飲んで捕獲の瞬間を待った。年末に出かけ、大晦日から飲みっぱなし。一月三日に親子連れの鯨が捕れ、鯨肉の仕分けで現地がひっくり返るようなにぎわいを観察している。

田舎で呑気に飲みまくっただけではない。高橋は東京時代と異なり、酒をただ飲んでいただけではなかった。目標に向かって努力は惜しまなかった。

例えば、漢学の素養を身につけたのもこの唐津時代。夜酒を飲んだ後、毎晩三時間くらい勉強したというから驚く。鯨飲してそれから勉強など一〇代の体力とはいえ、持ちこたえられそうもないが、「この間は眠気がさして来ると、手の甲にどことなくお灸をすえた。方々へすえるからその灸の痕が人の目について、先生はどうしたんだろうと皆が怪しんだ」（同）

本業である英語学校の教育にも力を注いだ。教室では英語しか使わない。学校が火事になり、英学校は唐津城本丸に移ったが、生徒を五〇人から二五〇人に増やし、自分の月給一〇〇円から四〇円を学校維持費にあてた。唐津藩直営の製紙業の経営状況を調べ、利益の中から一部を学校経営の財源に回したというからこの頃から数字には明るかった。

とはいえ、一日三升も飲みながら、寝る間も惜しんで勉強したら絶対に体に悪い気がするが、やはり体に悪かったらしい。年末に鯨捕りを見学しに行った後、年明けに体調を崩す。飲みまくりながら一月七日の始業式を迎え、それでも飲み続ける。八日に文部省から視察に訪れた役人には「酒臭いことを前もって断っておいた」とあるが、断ればいいというものでもないだろう。

その晩も相変わらず飲んで寝ると急に胸が痛くなり、とうとう喀血《かっけつ》してしまう。一週間ほど経ってようやく家の中を歩けるくらいになるが、酒の匂いも受け付けなくなったと振り返っているので、それなりに療養が必要だったことがわかる。

酒の匂いを受け付けなくなった高橋だが、喀血から回復後に、周囲から「匂いが気になるなら鼻をつまんで飲めばいい」とそそのかされる。実際に試してみたところ、匂いが気にならず、二杯目以降は鼻もつままず平然と飲んだという。やはり、酒飲みは体を壊そうが酒飲みなのだ。その後も、酒飲みとして酒を飲んで飲んで飲みまくった。さすがに晩年は体力の低下もあり飲まなくなったと述懐しているが、飲みに飲みまくる時代が長かった。

いかに飲んだかを示すエピソードがある。

一九〇三年一〇月一六日。高橋が四九歳の時、仲の良いキリスト教信者の女性が夕方に来訪してきて「一生のお願いがあります」と切り出した。話を聞いてみると、どう考えても高橋が飲み過ぎなので、酒をやめて健康な体を保てるように朝夕と神様にお祈りをしているという。だから、どうか酒を止めてくれと。他人にそこまで祈られ、心配されるとは、どれだけ飲んでいたのだろうか。高橋は、「ここまで自分のために祈ってくれるのか」と感動し、「よろしい今後飲酒は止める」と宣言する。女性は大喜びでその場で祈禱してくれたという。

高橋は「それから私は、日露戦争のためにロンドンに派遣せらるる（原文ママ）までの間というものは、一切盃を手にしなかった」と語っている。高橋がロンドンに派遣されたのは一九〇四年二月下旬。得意げに語っていたものの禁酒期間はわずか四ヵ月程度に過ぎなかった。

田中角栄――酒の席で人心掌握したキングメーカー

田中角栄の晩年は酒浸りだった。ロッキード事件で捕まり精神的にも弱ったところに、腹心だった竹下登と金丸信《しん》が田中派を飛び出したことが角栄を追い込んだ。飲み過ぎによる高血圧から酒を控えていた時期もあったが、腹心の謀反で酒が止まらなくなった。

昼から酒を飲み、夜も会食で飲み、酔っ払って寝て、深夜の二時、三時に目が覚めるとまた飲んだ。毎日ボトル一本は空けていたというから、ほとんどアル中であるというか完全にアル中である。

好んだのはウイスキー。それも、後半生はオールドパー一筋だった。

酒所の新潟生まれらしく、もともとは日本酒派。銘柄にこだわりなく日本酒ならなんでも良かった。これが変わったのが一九六一年、自民党の政務調査会長を務めていた頃。富裕層の間で海外旅行が広がり始め、「ジョニ黒」がお土産の定番になる。角栄のもとにもジョニ黒が届き、いつのまにか好んで飲むようになった。

ちなみに五〇歳以上の方はご存じだろうが、ジョニ黒はジョニー・ウォーカー黒ラベル一二年のことで、かつては舶来高級ウイスキーの代名詞だった。

庶民の憧れであることを示すエピソードを一九六〇年の『サザエさん』に見つけられる。サザエさんが来客にジョニ黒を出すと、客が「ウハー！　ジョニ黒ですな」と歓喜する。無理はない。当時の大卒初任給は二万円だったが日本国内でジョニ黒を求めると一万円もした。現在の感覚だと一〇万円前後だろう。人の家を訪ねてジョニ黒が出てきたら、ウハーどころかウハウハウハウハウハウハと叫びたくなるくらいの代物だったのだ。

ジョニ黒の輸入元が設定する小売り希望価格は一万円の時代が長く続く。一九八六年に八〇〇〇円に値下げするが、その前年には朝日新聞が、輸入される時点では、輸送費や保険料を含んでも高くて九〇〇〇円と報じている。関税や酒税の関係もあるだろうが、八〇〇〇円はさすがに輸入元がマージンをとりすぎである。ちなみに、今、ネット通販のアマゾンで検索すると三〇〇〇円もしないのだが、ジョニ黒を飲んでいる人はそう周りにいない。昔は高くて手が出ず、今は微妙な価格のせいか誰も手を出さない不思議な酒といえよう。

角栄はジョニ黒を自宅に常備していた。一日にボトルの半分を空けることもあるほど好んだが、自分用ではなく、来客へのお土産として常に一定量を置いていたのだ。繰り返しになるが当時の価格で一万円だ。ジョニ黒と同じく一万円くらいする高級佃煮セットを帰りに持たせられたら、誰もが角栄に胸を開くようになる。札束で顔をひっぱたくような人心掌握術と考える人もいるかもしれないが、気遣いとはそういうものだ。

角栄はその後、死ぬまでウイスキー党だったが、昭和四〇年代の前半に数年間、浮気した。

一九六五年、角栄は日本テレビの「大蔵大臣アワー」というテレビ番組に出演していた。毎週木曜日二三時一五分からの三〇分番組で、文字通り大蔵大臣の角栄が出演する。情報教養番組という触れ込みだが、実際は自身や自民党の宣伝番組だった。民間企業がスポンサーについた番組で特定の党の宣伝をするのはどうなんだと大問題になり、三ヵ月で打ち切られた。

あるとき、この番組の収録の打ち上げが角栄の事務所で開かれた。ジョニ黒を飲む角栄に参加者のひとりが「ブランデーはないの」と尋ね、興味を持つ。早速買い求め、「レミーマルタン」や「ヘネシー」を愛飲するようになる。

角栄の周囲には「ブランデーはグラスを手のひらで包み込むようにして持つことで、体温が伝わりブランデーの芳香が立ちのぼるのを楽しむものですよ」などとうんちくを語る者もいたが全く気にしない。濃いブランデーをロックか水割りで飲んでいた。角栄はあくまでも我流だ。

ブランデーを飲み始めるとブランデー一筋になるが、体の老いには勝てない。血糖値が高すぎるとの医師の助言もあり、糖分が高いブランデーからウイスキーに戻す。そして、一九七一年あたりから好んだのが「オールドパー」で、一九八五年二月末に脳梗塞で倒れるまで飲み続けた。

余談になるが食べ物も角栄流を貫いた。生粋のしょうゆ党で「しょうゆの角さん」とも呼ばれた。寿司にこれでもかとしょうゆを付けるのは言わずもがな、ラーメンやうな重にもしょうゆをかけた。

大平正芳《まさよし》とは盟友だったが、食では対立した。ふたりでしばしば会食したがメニューはきまってすき焼き。店員に任せず、勝手に味付けして食べるのだが、辛党の角栄に対し、大平は甘党。大平が砂糖を加えると角栄は「甘すぎる」としょうゆ漬けと思えるくらいにタレを濃くする。当然、大平は「たまらん」とばかりに砂糖を足す。政治もすき焼きも駆け引きが重要といったところか。

これぞと決めたら浮気をしないのが角栄流。そして、それは宴席でも同じだ。酒飲みの多くはビールから始まり、日本酒やウイスキーと移る人も少なくないが、角栄は会食などで招かれた場合を除けば、一杯目から同じ酒を飲み続ける。

こんな話がある。北海道で角栄が講演し、その後の打ち上げで一同たらふく飲んだ。お開きになった後、地元選出の衆議院議員の箕輪登は角栄に宿の部屋に呼ばれる。飲み足りないというわけだ。

角栄は部屋で秘書に鞄を持ってこさせると、そこから「オールドパー」のボトルを取り出す。空にしてしまうと角栄は鞄を再び開け、二本目を取り出し、二人で二本を飲み干してしまった。宴会でさんざん飲んだ後にボトル二本を飲んだので箕輪は酩酊したが、角栄は平然としていたという。

自分の酒を飲む場合はこだわりが強かったが、会食では酒を選ばなかった。若い頃は一日一〇件以上の宴席に顔を出すことも珍しくなかった。食事に手をつけず、ひたすら飲み、しゃべり、はしごした。

大臣になってからもかけもちは当たり前だ。

通商産業大臣（現・経済産業省大臣）時代は週三日は一日に三つの宴席をかけもちしていた。午後六時、七時、八時のトリプルヘッダーである。ひとつの宴席を一時間弱で切り上げ、三つの席を回るのだ。

主賓の角栄がひとこと挨拶して会は始まるが、乾杯の酒にこだわりはなかった。用意された食事には一口もつけずに宴席にいる一〇人前後のひとたち一人ひとりに自ら近寄りお酒を注ぎ、注がれ、時間が許す限り回る。

角栄は常に自ら動いた。役所の幹部職員との宴席でも自ら動き、一人ひとり分け隔てなく酒を注いだ。

えらそうに「おれが主賓だぞ」とばかりに上座に座って、お酌をされるのを待っていたら、相手も恐縮するが、自ら懐に飛び込むため、相手の好感度も高まる。胸襟を開いて情報交換が円滑になり、生の情報をつかめる。これを一日に三席こなすのだから、無数の杯を一晩で重ねる。自分は飲まずにいかに人に飲ませるか。角栄は数え切れないほどの酌を交わす対策として、店側にあらかじめ小さい杯を用意させていたというからさすが宴席の達人である。

自民党の政務調査会調査役などを務めた田村重信は、『秘録・自民党政務調査会』（講談社）の中で「政治家は付き合いが良ければ大成するというものではない」と書いている。

人気の政治家ほど夜の誘いも多く、いくつもの会合に参加している政治家は今でも多いが、断る勇気も必要だと指摘する。実際、橋本龍太郎や小泉純一郎氏は原則一晩にひとつの会合にしか参加しなかったと振り返っている。安倍晋太郎や渡辺美智雄が周りに気を遣いすぎて会合で体を壊してしまったのとは対照的だと述べている。

小泉は別に酒が嫌いなわけではない。遊説の帰りの新幹線では常に日本酒、それもカップ酒を用意していたと田村は懐かしがっている。

剛腕とかつては呼ばれ、今でも議員職にある小沢一郎氏も会合での酒の少なさで知られる。小沢氏は東北の出身らしく酒には強い。学生時代から酒は日本酒、ビール、ウイスキーなんでもござれであった。政治家になってからも、毎晩のように一升は軽く飲み干す時期もあったという。会合が終わってからも自宅で飲み直す酒好きだったが、一九九二年に狭心症で倒れて以降は酒との付き合い方を変えたともっぱらの噂だ。

「付き合いが悪い」と言われようと我が道をいく。人とも酒とも適度な距離を保つ。がっぷり四つで朝まで飲むような時代は遠い日の花火のようなものだろう。

話が逸れたが、宴席の達人の角栄でも失敗したことがある。

詳しくは周恩来の項で述べるが、一九七二年の国交正常化に際しての訪中時だ。当時の外務大臣の大平正芳の秘書だった森田一氏は田中の要望で中国側に、不思議な要求をした。「宴会の時間を短くして欲しい」。何回も交渉した結果、最終的に三〇分だけ短くなった。誰もが田中がなぜそんなことにこだわるのか首をひねったが、森田氏には角栄の気持ちが理解できた。歓迎の酒を飲みすぎて余計なことを喋るのを危惧したのではないかと。

実際、その不安は的中した。訪中すると、連日いくつもの宴席が用意されていた。当初は慎重な構えを示していた角栄だが、疲れも手伝い、酒を飲むと移動中に寝てしまうこともあったとか。そうした中、最終日に緊張の糸が緩んだのか、ガブ飲みしてしまい、側近に抱えられて宴席を後にした。同行した外務大臣の大平も本来酒を飲まないのに、乾杯攻勢に抵抗できず、十数杯乾杯を重ねたためホテルの部屋でぶっ倒れてしまったというから

「歓待」ぶりがわかる。

角栄は一九八五年に倒れ、半身麻痺と言語障害を起こす。再起不能と判断されたがリハビリに励み続けた。キングメーカーとして復活はならなかったが、一九九二年に中国との国交正常化二〇周年で訪中する。右半身は麻痺状態で言語も発せられなかったが、李鵬首相（当時）と左手で握手し、病人なのに大丈夫かという周りの心配をよそにマオタイを数杯空けた。肺炎により死去したのは再訪中から約一年四ヵ月後だった。

池田勇人――所得倍増、酒量も倍増

「所得倍増計画」。令和の日本人からすると決して実現を信じられないためか、甘美な響きを持つ政策だ。

一九六〇年、当時の首相・池田勇人は「一〇年間で給与が二倍になる」と国民に訴えた。実際、その後の日本は一九六四年には東京五輪も開催されて、日本経済は黄金の成長期を迎え、池田が掲げた目標（実質国民総生産の倍増）以上を達成する。ちなみに二〇一〇年からの一〇年間では一〇％も伸びていない。

池田は岸信介や佐藤栄作と並び、官僚出身のエリート政治家と位置づけられる。大蔵省の事務次官にまで登り詰めたのだからエリートであることは間違いないが、これは「棚ぼた」の側面が大きい。

当時、大蔵省の官僚は今とは比べものにならないくらい俊英ぞろいだった。毎年、東京帝国大（現・東京大）、東京商大（現・一橋大）が大半で、それ以外は入っても数人。京都帝大（現・京都大）卒の池田は傍流で「赤切符」と言われていた。

成績優秀者で海外に派遣される「白切符」、地方廻りを形式上するが、すぐに本庁に呼び戻されるのが「青切符」。「赤切符」は人工衛星のように一生地方回りが約束されていた。おまけに、池田は宇都宮税務署長時代に全身にかさぶたができる奇病に罹り、休職を余儀なくされる。体中、包帯だらけのミイラになり、もはや、出世どころではない。医者もさじをなげ、あとは神頼みだ。実際に、お遍路にも行っている。ただでさえ将来を嘱望されていたコースを歩んだわけでもなく、闘病生活で出世も遅れる。その間に、妻も亡くなる。人生、踏んだり蹴ったりだ。

だが、人の運命は計れない。終戦後に同期で当時次官だった山際正道（のちの日銀総裁）や専売局長官だった植木庚子郎《こうしろう》など一線級が公職追放にあったことで、人事が混乱。メインストリームでなかったがゆえに、無傷だった池田に労せずしてポストが回ってくる。一九四七年に事務次官に就任して一九四八年に退職、そして一九四九年の選挙に出馬し当選する。一年目にして第三次吉田茂内閣の大蔵大臣に抜擢される。

今では考えられない大躍進だが、当時でも異例だった。これも、公職追放で適任者がいなかったため、事務次官経験者の池田が登用されることになったのだ（一九四九年の選挙の前に蔵相に登用される可能性もあったが、その時に蔵相に就いたのは国会で泥酔して女性議員に抱きついた泉山三六《さんろく》）。

さて、池田ほど酒にまつわるエピソードが豊富な政治家も多くない。

そもそもが造り酒屋の子どもだ。生まれながらにして、酒と切っても切り離せない関係にある。

中学を終え、一高を目指すも熊本の五高に編入される。当時は第一志望を落ちても第二、第三の志望校に拾われる制度が存在した。それでも拾われず浪人する者も多かったので、できが悪いわけでは決してない。

とはいえ、五高時代の恩師は池田が大蔵省に入って驚いたというから、入学後の池田の生活は品行方正とはほど遠かった。いや、当時のエリートらしからぬ姿だったという表現がふさわしいかもしれない。

当時のエリート学生は遊びながらも学んだが、池田は本を全く読まなかった。ヘーゲルやカントよりも酒を好んだ。非常に即物的であった。後年、絵画を時に鑑賞したが、これは税務署長時代に学んだ税金取り立ての副産物である。

勉強も熱心でなく、本も読まないとなると時間はある。暇があると人間はろくなことを考えないのはいつの時代も同じだ。ある時、蕎麦屋を開こうと屋台を借りて友人と店を開いたが、ただただ友人たちと酒を飲むだけになり、泥酔し、屋台を放り出して帰ってしまったという。

とはいえ、これはあくまでも若気の至りだったのだろう。社会人になってからは乱れる場は少なくなった。池田は前述したように闘病生活が長く、地方を転々としてから本省に復帰した経緯もあり、勉強を重ねた。帰宅は早くても夜一〇時過ぎで、食卓に向かって銚子を二本空けるとやっと我に帰ったという。

出世が遅れたことや大雑把な性格も手伝い、慕う後輩も多かった。当然、コミュニケーションの場は飲み屋だ。飲めば決まったように、苦労人らしい池田の処世術が語られた。「田舎の税務署に行くとモテるから女には気をつけろ」「同じ芸者を呼ぶならば二回まで」「いくら飲んでも遅刻するな」。実際、学生時代は屋台を放り出して帰った池田だが、役所にはいくら前日に深酒しても遅刻しなかった。時にはハイヤーを飛ばしても上司より先に登庁した。

出世する前は「酒の飲みっぷりが気に食わん」と酒席の第一印象で人を判断することもあったが、不思議とその判断に狂いはなかった。大蔵省の同期の呑み助仲間とは、第二次世界大戦の開戦までは徹夜の新年会を毎年企画していたというからいかに酒好きかがわかる。戦中や戦後すぐは呑兵衛にとっては冬の時代だった。酒の供給が追いつかず、誰もが酒に飢えていた頃、池田は役職をいかして、ヤミの配給の陳情などに差配をふるった。

池田内閣で建設大臣も務めた中村梅吉が軍需省の参与官だった一九四四年頃は会合を開こうとしたところで、酒が全く手に入らなかった。そこで当時、財務局長だった池田が酒好きだったことを思いだし、苦境を話したところ、五升ほどの購入券をもらえたという。中村は「つまらぬことのようだが、案外こんな些細なことについての恩義、感謝の気持ちというものは、一生忘れないものである」（『池田勇人先生を偲ぶ』編集世話人代表松浦周太郎・志賀健次郎、非売品）と書いている。

この行為が正しいかはともかく、池田の酒好きと人の良さを物語るエピソードだ。

池田の酒には独特の流儀があった。外でしこたま飲んでも家に帰ると熱い風呂に入り、飲み直さないと気がすまなかった。

人を家に呼んで飲む機会も多かった。赤城宗徳（のちの農林大臣、官房長官。絆創膏をはって事務所費問題の記者会見を開いた農林水産大臣の赤城徳彦は孫）は池田が首相時代に外国の国賓を迎えた宴席の後に「これから一杯やろう」と誘われ、信濃町の自宅にお供した。

夜一一時頃から二人で一升瓶を二本空け、赤城が帰ろうとすると、池田は車まで大きな石を抱えながら送ってきて「これを持って行け」とドアを開けて放り込んだ。菊花石という名石だったというが、人にものをあげたがる政治家は多いものの、土産が名石とは豪快で恐れ入る。

もちろん、いつも石をあげるわけではない。のちの首相の田中角栄はジョニ黒を土産として豪快に振る舞ったが、池田は「国産品だって、ジョニー・ウォーカーに負けないぞ」と、ニッカゴールドを一瓶ずつ持たせることもあった。ウイスキーは当時は関税の関係もあり、洋酒が今とは比べようもないほど価値があったが、国産を好んだ。酒席でブラック&ホワイトの瓶を持参したボーイに角瓶を持ってきてもらったこともあった。

池田の酒は最初にビール、次に日本酒、それからウイスキーの水割りと流れた。ウイスキーに限らず酒は銘柄や酒にこだわった。

夜な夜な番記者が池田邸を訪れると、たまに酒瓶を抱えた池田に自宅に招き入れられた。そこで車座になり、記者たちには特級酒を飲ませ、自分は二級酒を飲んでいたという。池田が記者を丁重にあつかっていたエピソードにも映るが、政治評論家で当時政治記者だった俵孝太郎氏はこう振り返っている。

われわれに特級酒を飲ませて自分が二級酒を飲むのは、なにも大盤振舞してるわけじゃなくて、自分のは蔵出しの二級酒なんだね。そんな貴重な二級酒を、お前らに飲ましてやれるかってわけだ（笑）。それをチビリチビリ手酌で飲みながら、例の、「所得倍増論」をブッたな。

（俵孝太郎、早坂茂三「池田勇人が酒ビン下げてやってきた」『諸君！』一八巻一〇号）

飲みすぎて我を忘れることは事務次官になって以降はほとんど伝えられていないが、失敗談もある。以下の増原恵吉（のちに第三次池田内閣で行政管理庁長官）と池田の会話は『池田勇人先生を偲ぶ』（編集世話人代表松浦周太郎・志賀健次郎）の増原の寄稿からの引用である。

事務次官時代の話だ。一九四八年、香川県知事だった増原は香川に酒精工場の設置を許可して欲しいと大蔵省に陳情を重ねていた。何度目かの陳情の際に池田は「こいつは難しい。我慢してくれ」と難色を示し、増原は諦めざるをえなくなる。

失意の中、翌日、香川に帰る汽車に乗ると偶然にも、母親の病気の見舞いに広島に向かう池田と乗り合わせる。

横浜を過ぎると、酒瓶を持った池田が増原の席に来て「ひとつどうだ」となる。

車内は混雑していたが、どうした加減か話が大変にはずみ、池田は冷酒をぐんぐんとあおって、二本目が空になる頃には、珍しく大変に酔ってきたように見えた。「君達東京へは何の用事で来たのだ」「何の用事はないでしょう。酒精工場を頼みに来たのだが、あんたが駄目だというのでスゴスゴ帰るところですよ」「なに酒精工場ー。うーんそうか」

陳情は分刻みでくる時もあり、全ては覚えていられないだろうが、全く覚えていない。何度も陳情を重ねた末の、「何の用事で来たのだ」はこたえる。

ここで一寸考え込んだ池田は、ぐっと茶碗酒を飲み干して「よし引き受けた。できるようにして上げよう」

増原はあれだけ頼み込んでも相手にもされないどころか、昨日の今日で案件すら覚えていなかったわけだから半信半疑で何度も大丈夫か、酔っているだけではないですかと確認すると池田はこう言い放つ。

「なに、酔っている。おれが酔ってなどいるものか。大丈夫引き受けた。もう寝ろ寝ろ」

ここまで言われれば大船に乗ったも同じだろう。相手は時の大蔵次官である。だが、増原は思い知らされる。アルコールを飲んでいた席の話は、話半分で聞き流さなくてはいけないのはいつの時代も変わらないことを。

間もなく上京の機会に、増原は次官室に御礼に出かけた。「酒精工場の御礼？　それはどういうことだ。先夜汽車の中で……。ウーン」

全く覚えていなかった池田はしばらく電話をかけて手を打とうと試みるものの、手立てはなかったらしく「すまんがかんべんしてくれ」と謝ったという。

もうちょっと頑張れよと思うも、池田という人はロジカルであり、正直にバカのついた男だったので、ムリなものはムリということだろう。

最後に、象徴的なエピソードを紹介しよう。

池田は政治家としてはツキもあり、順風満帆な船出だったが、通産相（現・経産相）の職を一度クビになっている。これも池田が、正直の上にバカがつく政治家だったからだ。

一九五〇年三月、初当選時に抜擢された大蔵大臣在任中に「（インフレ対策で）中小企業の五人や、一〇人倒れても仕方がない」と言い放ったことが通産大臣時代に国会で蒸し返され、辞任に追い込まれた。放言の現場に居合わせた、のちの首相で当時大蔵官僚だった宮澤喜一はこう振り返っている。

そういう悪い状態のときに、金詰まりに悩む中小企業のことが、記者会見で問題になった。はじめのうちは池田さんも「中小企業が倒れないように手を打ちたい」と神妙に答えていたが、記者団の方も追い打ちの手をゆるめず、「倒れないようにするといっても、倒れたらどうしますか」と、さらに問いつめた。しつこい追及に池田さんはついに業を煮やしたように、「それならしょうがないだろう」といってしまった。

私はそのときそばについていたので、小声で、「結論がそんなふうになるのはまずいでしょう、やはりなんとか倒れないようにするというところで話を切った方がいいと思います」といった。しかし、池田さんは、「いや君、全力を尽くしてそうなるのなら、これは仕方がないじゃないか」といって、自分で自分の失言を確認した形になってしまった。

(宮澤喜一「正直にバカのついた男」『文藝春秋』四三巻第一〇号)

白いモノは白く、黒いモノは黒いとしかいえない。頑張っても救えないものは救えないし、酒精工場もできない。

酒精工場が酔った約束に終わった増原だが、池田が政治家に転身してからも付き合いは続いた。増原は第三次池田内閣では入閣して酒の席をともにすることも少なくなかったが、池田の酒癖をこう評している。

「私が池田さんの酔ったのを見たのは、この時だけである」

宮澤喜一——誰もが認めた頭の良さと酒乱癖

近年の日本の政治家で酒好きといえば宮澤喜一だろう。近年と書いてみたが、そういえばいつ亡くなったのかなと思い調べてみたら、二〇〇七年に亡くなっている。全くもって近年でない。首相在任期間は一九九一年から一九九三年だ。アラサー世代の人はもはや知らない政治家なのかもしれない。宮澤から岸田文雄首相までに一四人もの首相が存在するのだから。

ちなみに二〇二二年の大河ドラマ『鎌倉殿の13人』に実衣《みい》（北条時政の娘、政子の妹）役で出演していた俳優の宮澤エマは喜一の孫だ。いや、喜一をエマの祖父と書くべき時代になったのかもしれない。

宮澤喜一（出典：首相官邸 HP）

宮澤は官僚出身のバリバリのエリートだった。東京帝国大学法学部を首席で卒業し、大蔵省（現・財務省）に入る。これだけでも凄いが、高等文官任用試験（今の国家公務員総合職試験）で、行政科と外交科の両方に合格している。エリートが門を叩く大蔵省でも、「大秀才」と呼ばれた。秘書官として仕えた池田勇人の勧めもあり、一九五三年に政界入りする。

宮澤は頭は回るが、口も回った。むしろ、回りすぎた。毒舌の部類だ。自分が東大法学部卒のエリートだったからか、極端な学歴偏重主義で知られた。東京農業大学出身の金丸信に面と向かって「金丸先生は農大を出ていらっしゃる。そいつはお出来になりますなあ」と皮肉った。酒を飲んだ席で金丸の活躍が話題になると「ああいう人は水の底に沈んでいただいた方がいいかもしれませんな。山梨（著者注・金丸の選出区）には釜無川《かまなしがわ》という深い川があるというじゃないですか」と場を静まらせてしまう発言も珍しくなかった。

早大出身の竹下登には、竹下が入学当時の早稲田が無試験であったことを揶揄した。竹下は後藤田正晴に「ボクは宮澤さんに『竹下さん、貴方の時代は早稲田の商学部は無試験だったんですってね』といわれた。あれだけは許せない」と恨みを吐き出している。

政治学者の御厨貴氏は「政治判断は正しいものが多かった気がします」としながらも、「頭が良すぎて他者を見下したような態度を取るため、慕う人があまりにも少なかった」と人望の低さを指摘している。「それ言う必要ないだろ」ということをいってしまうのが宮澤なのだ。厄介なのは本人に悪気はないことだ。

例えば、子どもの教育は自由放任で成績にもうるさくなかった。満点のテスト用紙を見せても「僕は一〇〇点以外の点は見たことがないな」と呟くだけで、悪い点をとっても「ふーん」と言うだけ。質問すると丁寧に答えてくれるが、くだらない質問をすると無視される。子どもにしてみれば、つかみどころがない。

教養も持ち合わせていたから、学歴主義者、権威主義者とは切り捨てられない。

学者で劇作家でもあった山崎正和は、宮澤と私的な会合で席をよくともにしたが、「教養人とはこういうものかとも思いましたね」と感嘆している。

田中角栄に「英語屋」と馬鹿にされるほど語学に堪能だったが、単に語学に長けていただけではない。欧米の幅広い雑誌に目を通していたこともあり、会話に幅もあった。

欧米カブレなわけでもない。多くの人にとっては何が書いてあるかわからないような墨跡もすらすらと読み下し、その様は山崎からみても、まるで曲芸のようだったという。「どうしてああいう人が政界に入ったのか不思議なくらい」と奇妙な気持ちになったとか。

そして、山崎を驚かせたのが教養人ぶりにも増して、酔態だ。

山崎と宮澤が顔を合わせていた会合は京都の大徳寺で開かれていたが、宮澤はその場がよほど好きだったらしい。首相になってからも激務の合間を縫って、わざわざ京都に出向き参加していた。もちろん、一国の首相だけにふらっと遊びに行けるわけもない。ＳＰのみならず、京都府警が総力を挙げて護衛するので、閑静な大徳寺周辺が警護でいっぱいになり、異様な光景が広がった。

異様な光景は寺の中にも広がっていた。宮澤は毎回、ぐでんぐでんに酔っ払って、秘書官に抱えられて帰っていくものだから手に負えない。

宮澤は造り酒屋の息子ということもあってか、酒には弱くなかった。酒をある程度飲まないと酔わないが、酔うまでは相手に絡み続ける。ある時点を境に目が据わり、相手が誰彼かまわず演説が始まる。結局、酔っても酔わなくてもどっちにしろ絡み続けているのだ。酒豪で酒乱という最も性質の悪い酒飲みともいえる。ジャーナリストの立花隆も「酒乱の域に達しないうちは、人にイヤなからみ方をする時間がえんえんとつづく」とかつて記していた。自民党のドンで懐の深さで知られた田中角栄に「二度と酒を飲みたくない」とまで言わしめているからよほどだったのだろう。

読売グループのボスである渡邉恒雄氏も回顧録で振り返っている。中曽根康弘内閣の時に盟友である中曽根の依頼で、渡邉氏は某料亭の女将の部屋を借りて、宮澤に会う。宮澤に大蔵大臣を引き受けてもらうためだ。シラフの宮澤は真面目な顔で大蔵大臣を引き受ける代わりに、宮澤の派閥「宏池会」に政調会長のポストを用意しろと要求してきた。

渡邉氏は中曽根の遣いできたのでその場では判断ができない。「今晩中に連絡しますから」と引き揚げ、中曽根の了解を取りつけたうえで、架電する。すると、宮澤はすでに泥酔状態で「いやあ、こりゃこりゃ、ナベちゃん、ナベちゃん」と先ほどと様相は一変していて、全く話にならなかったという。「酔ったら電話に出るな」は一般人も政治家も同じだ。実際、宮澤は原則、夜は電話に出なかった時期もあった。

宮澤自身、酒癖の悪さは自覚していたのだろう。朝日新聞の政治記者だった石川真澄は「私は会う前から宮澤氏に好感を抱いていた」と書いている。

新聞記者には昼間に正面から聞きにくい話などを、関係者の自宅に足を運んで直接話を聞く「夜回り」という取材方法がある。事件取材ならば警察幹部、企業取材ならば役員、政治取材ならば政治家の家まで出向く。かなり奇妙な慣習で「アメリカならば不審者として射殺される」とよく言われたが日本では一般的になっている。取材される側もそれを心得ていて、政治家の中には玄関脇に専用の部屋を用意したり、麻雀部屋をつくったりする者もいた。記者がそこで待つためだ。

宮澤はこの夜回りを長年、拒否していた。確かにそういう人もいないわけではないが、大臣や官房長官に就いてからも拒むのは珍しい。宮澤の長女がのちに語っているが、「家族が非常識な時間に新聞記者が家に来るのが大嫌い」というのが理由であった。しかし当時、記者の間ではまことしやかに「酒癖の悪さ」が理由ではとささやかれていた。石川も「その理由は、夜になると酒が回って、多弁あるいは、ひどいときは酒乱に近い状態になるからだと解説する人がいた」と記している（その後、自民党の総務会長になった一九八〇年代半ばに対応し始める）。

実際、家族も宮澤の泥酔ぶりには呆れていた。「酒乱」であることを認め、「あまりに普段とは違う姿勢が出る」と振り返っている。

千鳥足と呼べるほどカワイイ酔態ぶりでないため、帰宅時のあまりのひどい姿に娘が怒って水をぶっかけたこともあるということからも家族の苦悩のほどが伺える。

宮澤は典型的な官僚で「頭が切れ、アイデアを思いつくが決断できない」タイプだったとの指摘は多い。例えば公的資金注入による不良債権処理も思いついていたが、それを実行したのは宮澤退陣から八年後に首相になる小泉純一郎氏だ。宮澤は一九九三年の衆院選挙で敗北、自民党長期支配三八年、及び五五年体制の最後の首相となった。

衆議院議長や通商産業大臣を歴任した田村元《はじめ》の宮澤評には頷かされる。

「酒を飲んだ時の宮澤なら一〇年早く政権を取れていた」。頭が良すぎるが故に人を見下し人望がなかったわけだから、何も気にせず、ナベチャンナベチャンといいながら、ぐでんぐでんになりながらも夜回りを受けていたら、人生は変わったのかもしれない。

ちなみに、宮澤は文学にも造詣が深く、酔うと文学論も出た。同じく酒飲みの小林秀雄に師事していたが小林からは「君の文章は何を言いたいのかよくわからない」と指摘されたという。一般人には難解な小林の文章の方がよほどわからない気もするが、権威主義の宮澤は小林に心酔していたと娘は語っている。

意外な武勇伝もあわせもつ。ニューリーダーと呼ばれ、首相候補として名前が挙がり始めた一九八四年、宮澤は暴漢に襲われる。当時の新聞によると「立正佼成会の庭野《にわの》日敬《にっきょう》会長が会見するとのウソで、宮沢氏を千代田区紀尾井町のホテルニューオータニ本館三八六号室に呼び出した。犯人は宮沢氏が部屋に入るとナイフを首筋に突き付け脅迫メモを示し、「これを読め。おとなしくすれば殺さない」と脅したが、ナイフを取り払われ格闘になった」（「東京地裁で宮沢氏襲撃事件初公判」日本経済新聞一九八四年五月三〇日夕刊一五面）。

宮澤は後ろからはがいじめにされ、さらに逃げようとしたところ、頭を灰皿で殴られ、全治三週間の傷を負う。犯人は裁判で「先生の力が強くて（格闘が）優勢になることはなかった」と振り返っているが、展開によっては死んでいてもおかしくない。

宮澤は総理になれるか、なれないかは「なりたくてなれるものではない。電車に乗っているときに目の前の席が空けば座るようなもの」と後年語っているが、強運の持ち主でもあったのだろう。

大杉栄――反体制でも酒を飲んで暴れません

体制に反対する人間にどのようなイメージを抱くだろうか。

真面目に社会人生活を送ってきた人にとっては、ヤクザや半グレは縁遠い存在かもしれない。身近なのは学生時代に遭遇した不良やヤンキーではないだろうか。制服を改造したり、だらしなく着崩したり、頭髪を染めたり、タバコを吸ったり……。格好や行動が外れている。その当時の世間の常識から考えて、良くないことばかりする。だから、文字通り不良なのだ。

ちなみに、ヤンキーの語源は諸説ある。一九六〇～七〇年代に東京のディスコで踊る米兵たちのファッションをまねた日本の若者たちを「ヤンキー」と呼んだという説もあれば、ロックバンド「キャロル」のファンたちの格好を「ヤンキー」と呼んだという説もある。

不良が行儀が良かったり、制服をちゃんと着ていたりしていたら、不良ではない。でも、制服をちゃんと着ていても、バイクで夜な夜な暴走を繰り返すかもしれないし、近くの高校生をカツアゲしているかもしれない。本来、格好や思考と行動は結びつかなくても何ら不思議がない。不良でなくても教師に反抗して学校教育に異を唱える者はいる。

ただ、多くの人は、体制に反対する人と聞くと、過剰さや過激さを連想する。それが学校どころか国に対してとなるとアグレッシブな「危ないやつ」を想像するはずだ。

つい一〇〇年くらい前まではアナキストとよばれる人たちが一定のポジションを得ていた。アナキストは日本語だと、無政府主義者と訳される。政治的、社会的権力を否定して、個人の完全な自由と独立を望む人々だ。自由に生きたいという純粋な欲望や衝動に突き動かされている人々とも言えるが、理想の実現のためにはテロリズムも辞さないため、過激な思想の持ち主ともみなされていた。

二〇一八年に『菊とギロチン』という映画が公開されたが、この映画にはアナキストの生態がわかりやすく描かれている。映画自体は大正時代末期に実在したアナキストたちの結社「ギロチン社」を舞台にした創作だが、事実が下敷きにある。

映画の冒頭が彼らの生態を象徴的に描いている。ギロチン社のリーダーで詩人の中濱鐵(史実上は中浜哲)が企業幹部を恐喝するシーンから始まる。彼らにとっては資本家は労働者を搾取する絶対的な悪だった。自分たちが労働者を代表して資本家から金を奪い返し、それを活動資金として、崇高な理想を実現しようとしていた。重要なのはあくまでも、「しようとしていた」だけで、その金でアナキストたちは大酒を飲み、芸者遊びに狂った。世の中を変えたいが、ろくでもない——そんなアナキストたちの中心的な人物が大杉栄だ。

大杉は関東大震災後の混乱の中、甘粕正彦大尉らにパートナーの伊藤野枝《のえ》と甥っ子とともに虐殺される。怒った中濱たちは大杉虐殺の報復に甘粕の弟を襲うが失敗。その後に、のちの昭和天皇の殺害を決意し、テロ準備の旅に出る。『菊とギロチン』にも描かれているが、ここまでは実話だ。

報復にのちの天皇殺害を仲間に決意させるほどの人物と聞けば、粗暴の権化のような印象すら抱きかねないが、大杉は今で言うインテリだ。爆弾も投げなければ、鉄砲も持たない。日本で最初に刊行されたファーブル昆虫記の翻訳者でも知られる。

大杉はこの時代のアナキストには珍しく酒を飲めなかった。大杉の父親も飲めなかったというからこれは遺伝だろう。アナキストに限らず、当時は酒を飲めないと何かと不自由だった。大杉の幼い頃の思い出がそれを物語る。

大杉の父は軍人だった。正月になると部下が遊びに来る。昔の正月だから飲めや歌えやの大宴会だ。とはいえ、下戸の大杉の父親は少し飲むと眠くなってしまうため、自分の部屋で寝てしまう。部下たちは上司が寝ようが関係なく飲みまくる。当然、でき上がる。

が、そのうちに、誰か一人が「副官がいないぞ」と怒鳴り出した。「怪しからん、どこへ逃げた。」「引きずって来い。」「来なけれやこれで打ち殺してやる。」へべれけに酔った四、五人の曹長どもが、長い剣を抜いて立ち上がった。

（『自叙伝』）

結局、大杉の母親が寝ている部屋に案内し「さあ、みなさん、この通りここに寝ているんです。突くなり斬るなり、どうなりともお勝手になさい」とすごみ、その剣幕に飲まれて、みな帰っていったという。

酒を飲んで寝ているだけで命が危険にさらされる時代があったのだ。「アルコールハラスメント」という言葉が存在し、酒を飲まなくても社交上で不利になることもなくなっている今とは大違いだ。

父親の危機を目の当たりにした大杉は、当然、「飲めるならば飲めた方がいいかも」という心理にもなる。

僕はもう五、六年前から、ほんの少しでもいいから酒を飲むようにと、終始医者からすすめられていた。が、飲めないものはどうしても飲めない。日本酒なら、小さな盃の五分の一も舐めると、爪の先まで真っ赤になって、胸は早鐘のように動悸うつ。

(『日本脱出記』)

「酒を飲め」と勧める医者に時代を感じるが、盃の五分の一で動悸を打つなら、飲むべきではないだろう。日本酒だけでなく、紅茶に茶匙いっぱいのウイスキーを入れただけでも苦しくなると述べているから、酒を受け付けない体なのは明らかだ。

それでも、大杉は諦めない。フランスで牢に入れられたとき、退屈まぎれに酒を覚えようと思い立つ。差し入れが許可されている品目にビールとワインがあったのが理由だが、牢屋に入ってまで何をしているのだろうか。いや、そもそも、牢屋に入っている時点で我々の常識は通用しないか。

女子供だって、お茶でも飲むように、がぶりがぶりやっているんだから。と、きめて、ある日、差し入れの弁当のほかに、白葡萄酒を一本注文した。(中略)そして、ほんのりと顔を赤らめながら、ひまにあかして一日ちびりちびりとやって、いい気持ちになってはベッドの上に長くなっていた。三日目に一本あけた大手柄!

(『日本脱出記』)

「下戸でもボトルを空けられるのか!」と思いきや、「一本といっても、普通の一本じゃない。アン・ドミとかアン・カアルとかいう半分か四分の一の奴なのだ」と白状している。「そこまでして飲まなくていいだろ」と考える人も多いだろうが、それは飲めるから。当時は酒が飲めないといかに支障をきたしたかがわかるエピソードだ。

酒を飲んで暴れることはなかった大杉だが下半身は暴れん坊だった。妻がいながら、二股どころか三股交際でお互いがお互いに依存しない「フリーラブ」を掲げるも、有言不実行でその枠組みは崩壊。交際相手の一人だった神近市子《かみちかいちこ》に刺される。仲間から総スカンをくらい、大杉は一時孤立する。神近はこの事件で刑務所送りになり、二年服役するが、戦後に衆議院議員になるわけだから、人生どう転ぶかわからない。

もっとも、大杉は有言不実行ぶりがはなはだしかっただけで、当時の反体制の人間たちは（体制派もだが）女性関係が乱れていた。アナキストの先輩格であった幸徳秋水も女性にだらしなかった。同じアナキストである荒畑寒村《あらはたかんそん》が入獄したときに、寒村の内縁の妻だった菅野須賀子《かんのすがこ》と同棲を始め、仲間の失望を買う。激怒した寒村は出獄後に拳銃を携えて、二人が身を寄せていた伊豆湯河原温泉を襲うが、彼らは入れ違いで帰京していた。二人は帰京直後に官憲に捕まり、処刑されてしまう。大逆事件だ。作家の嵐山光三郎氏は「官憲が幸徳を逮捕しなかったら、寒村によって射殺されていたかもしれない」と指摘している。

同時代を生きたダダイストの辻潤《つじじゅん》も乱脈極まった。女学校の教え子だった伊藤野枝に手を出してしまい、教師を退職。文筆で身を立てるが、野枝は大杉のもとに走る。関東大震災後に官憲の手で野枝が大杉とともに虐殺されると酒浸りの生活を送るようになり、奇行が目立つようになる。

現在では重度のアルコール依存症だったとの見方が支配的だが、当時は狂ったと見られていた。辻は翻訳家の平野威馬雄《いまお》と親しかった。平野は料理家の平野レミ氏の父親だが、若かりし頃は、薬局を襲ってまで麻薬を欲する中毒者だった。彼の著作の中には、辻の薬物中毒者としか思えない姿が描かれているため、辻の狂気を薬物と結びつける者もいた。理由がどうあれ、とにもかくにも行動が常軌を逸していて、女性関係でも顕著だった。妻の目の前でもほかの女性を襲ったり、知人の家に遊びに行き老母を抱こうとしたり、誰彼構わず隙あらば性交しようとした。

この頃の知識人の中には、国内外を問わず、酒も麻薬もなんでもござれだった人が少なくない。スターリン体制を批判した言語学者のエウゲニー・ポリワーノフもアル中とアヘン中毒の「ちゃんぽん派」だ。ロシアの言語学者のニコラス・ポッペは、回想録でポリワーノフを大学時代に接した「よくない部類」の先生として挙げている。大学では酒を飲んで口論したり、どなりたてたり、寄宿舎の女子学生の部屋に侵入したり。泥酔して倒れたときに電車にひかれ、片腕も失った。スターリンの粛清にあい、逮捕され、最期は「麻薬を突然奪われたことに耐えられず、拘置所で死んだ」という。せめて酒だけにしていれば、片腕だけで、命まで落とすことはなかったのかもしれない。

余談だが、映画『菊とギロチン』で主人公の中濱鐵を演じた東出昌大は女性トラブルを起こし、女優で妻の杏と離婚。クリーンなイメージは地に落ちている。

酒の話に戻ろう。

アナキストで飲めないのは大杉だけに限らない。幸徳秋水の弟子で内縁の妻を寝取られたことで殺害を決意した荒畑寒村は下戸だった。

根っからの甘党で、晩年に胃を手術するまでは菓子餅ならば六、七個を、栗ぜんざいならば三、四杯を一度に平らげるほどの大食漢だった。

酒は全く受け付けず、雑炊のスープに入っている少しの酒に酔っ払い、二日酔いになったという嘘のような本当の話からもいかに酒が苦手かがわかるだろう。

いっぽうで、秋水は飲みまくった。そもそも、秋水は歴史の教科書では大逆事件で処刑された無政府主義者のイメージが強いが、通俗的なエッセイも数多く書いている。「新聞記者出身の無政府主義者」と聞くと面倒くさそうでたまらないが、在籍していた新聞社「萬朝報」はスキャンダル記事が売り。つまり、現代の我々が考えるよりも、重々しくない。時代が時代とは言え、キャラが軽い。

巣鴨の刑務所で病人を収容する病監に入った時には、看守を買収して、毎朝、「萬朝報」を読んで、毎晩、一合、二合の晩酌をしていた。

実際、囚人とは思えぬ待遇らしく、しばらく後に同じ病監に入った大杉も「いい加減な病院の三等や二等よりもよほどいい」「看守もみな仏様で、僕はほとんど自分が看守されているのだという気持も起らなかった」と記している。

まるで二一世紀のメキシコの刑務所みたいだ。そんな時代も日本にあったのだ。

浅沼稲次郎、河上丈太郎、成田知巳――思想はひとつ、酔いっぷりは多彩

一九六〇年一〇月一二日、東京・日比谷公会堂で浅沼稲次郎《いねじろう》は演説中に右翼少年に刺殺された。「演説百姓」の呼び名があったように、浅沼は庶民派で知られたが酒の席でも親しみやすさは変わらなかった。『戦後社会党の担い手たち』(田村祐造、日本評論社)の中の姿が象徴的だ。

ヌマさんはドッカとあぐらをかき、茶のみ茶わんに番茶を入れて、そのうえにウイスキーを注ぎ、私たちを相手に夜おそくまで付き合ってくれた。肴は南京豆かセンベイ程度だった。たまに三宅島(浅沼の生地)から「くさやの干物」が届くと、大きな手で二、三枚ずつ新聞紙に包んでおみやげに持たせてくれたものだ……。

時代が時代とは言え、お土産が「くさやの干物」だ。ウイスキーをお土産に持たす田中角栄とは対照的だ。

浅沼の人柄がしのばれるのは、この話がかつて浅沼が住んでいたアパートでの飲み会での回顧である点だ。

それにしても妙な会合ではないか。一人の政治家が死んで二十年も経って、奥さんも死んで、だれも住んでいない朽ちかけたアパートに、二十人近い初老の記者が押しかけ、在りし日を偲び酒をくみかわすとは。わが国の政治史のなかでも、後にも先にも類のない宴だった

かつては自由党と双璧をなしながら、今や風前の灯である社会党（現社会民主党）。その委員長たちの酒にまつわるエピソードは趣き深い。

浅沼が刺殺された翌年に委員長に就任した河上丈太郎はクリスチャンの人格者として知られた。酒をガブ飲みして我を忘れるようなことはなかったが、決して生真面目なとっつきにくい人物でもなかった。

同じ社会党の議員だった山本幸一の地盤の岐阜に、河上が訪れた際の思い出話がそれを物語る。

あろうことか、私は浅野屋という遊女屋に案内した。河上先生は座敷に上がってはじめて遊廓であることに気づかれた。一滴の酒も口にせず、遊女の芸事を最後まで見学されたのだが、引き上げる段になって先生は女性達一人一人に祝儀を配り、鮮やかな江戸っ子ぶりを発揮された

（「〝不惑〟社党の首脳陣しのぶ」『朝日新聞』、一九八五年四月九日朝刊二面）

遊郭に誘う山本も山本だが、接待を受けつつ、誰も不快にしない姿勢は見事だろう。

河上の三代後の委員長の成田知巳は河上と対照的だ。自身も委員長を務めた勝間田《かつまた》清一が、国立国会図書館によって公開された政治談話録音に貴重な証言を残している。

国会図書館の政治談話は、現代政治史で重要な役割を果たした人物一〇人を一九六一年〜八七年にインタビューした。一九八七年に最後に録音した勝間田は一〇年後の一九九七年の公開を了承した。勝間田はこのときすでに傘寿手前。一〇年後の九〇歳近くまで生きるとは思っていなかったのだろう（実際、インタビューから二年後の一九八九年に亡くなる）。勝間田が「公開される時は自分はこの世にいないだろうし」と思ったかはわからないが、歴代の委員長を遠慮なく批判している。

例えば、浅沼が刺殺された後に委員長代行を務めた江田三郎については、「党内には右

傾化の危険な人物という評価が強かった」と評し、八代目委員長の飛鳥田一雄《あすかたいちお》に対しては、「非常に勉強家で人柄もいいし、横浜市長の経験も立派ですが、党運営は得手ではなかった」と語っている。一〇代目の土井たか子については「女性委員長がなるなら良くなるだろう、という考えがまだ続いている。これが良くない」と述べている。

そして、なぜか七代目の成田についてだけは、「人と付き合って話をするのが好きな人物ではない。酒は大好きだが、おでん屋や立ち店で独りぼっちで飲む。ちょっと飲むと酒乱の系統になり、奥さんをぶったり女中を殴ったりというところがあるんですよ」と酒乱ぶりを暴露している。

そんな成田の政治家としての心情は「背伸びをしない」。あくまでも現実路線だった。同時代を生きた江田の妻は、改革を叫ぶ夫と対照的な成田を「あの人は、何もそんなに新しいこと言ったりしなかった。それであの人、儲けてたんですよ。儲けたと言ったら悪いですけどね。あんまり新しいこと言ったら、かき混ぜることになりますから」と評している。

成田の出自が、香川県の素封家で父親は地元の有力政治家だったことも影響しているだろう。東京帝国大学を卒業して三井鉱山に勤めた。本来ならば保守陣営にいてもおかしくない経歴だ。それが革新陣営に身を置いたものだから、「素直な物の見方をして控えめ」

と評判だった。とはいえ、それはあくまでも政治家としての処世術にすぎなかったのだろう。人と話さず、酒を一人で飲み、酔っ払うと家人を殴るのだから。

第二章

「おれの酒が飲めないのか!」を生きた外国人政治家たち

ピョートル大帝――宴会は忠誠心の試験場

「歴史を動かした世界的指導者は背が低い」という俗説がロシアにはあるらしい。確かにレーニンもスターリンも身長は一六〇センチ台で、プーチン大統領も一七〇センチ程度なのは事実だが、この説に全く当てはまらない歴史的人物もいる。二メートルを超える長身だったピョートル大帝だ。彼は体格のみならず、生き様も規格外だった。

初代ロシア皇帝となるピョートルは一七世紀後半から一八世紀初頭にかけて活躍した。伝統を嫌い、西欧の文明・技術の摂取に努め、軍隊の整備、中央集権化を進めた。産業の育成などロシアの近代化を推進し、領土も拡大し、ロシアを強国に押し上げた。

彼が生きた時代は、時代が時代だけに、ことあるごとに酒を飲み、酒宴が開かれたが、ピョートルの場合、飲む量も宴の開かれる時間も常識外れだった。

在位時代は、宴会は三日三晩続けられるのが普通だったというから驚く。大抵の参加者は、頭痛と胃痛で死にそうな顔をしていたというが無理もない。体が崩れ、だらしなくゆがんでも、ピョートルは元気はつらつで、三日三晩の地獄の宴会が終わるや、「もう一回、仕切り直してすぐに始めよう」と宣言したというから迷惑極まりない。宴に参加したくない者もいただろうが、皇帝の機嫌を損ねれば、地位を失うことになりかねないから出ざるをえない。

　もちろん、ピョートルはそのような参加者の気持ちはどこ吹く風だ。よほど、宴が好きだったのか、あるときから宴会を宗教会議として制度化してしまう。ピョートルにしてみれば、公式の行事とすれば、定期的に飲める。宗教会議と銘打っているので実際には儀式もあったが、制度化したことで、それまで以上に定期的に酒を飲んでハメを外す場になったのは想像に難くない。

　現代に伝えられるその光景は異様だ。だだっ広い部屋に寝椅子が並べられ、その傍らには、酒樽を半分にした入れ物がふたつおかれている。ひとつは食べ物をいれ、もうひとつには排泄物をいれた。なぜ、その場で排泄しなければいけないかというと、宴が終わるまでその場を離れてはいけないという鉄の掟があったからだ。さきほども述べたが、二時間や三時間で終わるサラリーマンの打ち上げではない。三日三晩である。三日三晩、部長の戯言に付き合うと想像したら絶望的な気分になるだろうが、相手は専制君主だ。

　その間、寝椅子の間を召使いが動き回り、酒をひたすら注ぎ、合図があれば酒を飲み干さなければならない。もはや何が楽しいかわからない。いや、参加者の大半は楽しくない。アルコール漬けのようになって、汗を流し、あえぎ、眼玉も飛び出さんばかりに苦しげな表情の参加者たちは、たがいに罵り合い、涙を流し、床にころげ落ち、衣装のうえに食べた物を吐き、痴呆のようになり、狂気の発作にとらわれて、つかみ合いの乱闘に及ぶ

（『大帝ピョートル』）

阿鼻叫喚、発狂寸前。結果、死者も出るほどだった。もはや何が目的がわからないが、恐ろしいことにピョートルが仲間に殴りかかり、剣を抜き襲いかかるときもあった。宴にいる最高権力者が暴れ出したら誰も止めようがないではないか。

とはいえ、こうしたケースは稀で（稀でも剣を抜いて襲いかかられては困るが）、大半は深酒をしても理性は保っていた。他の参加者がぐでんぐでんになり、本音や秘密を吐き始めると、彼らの近くにいき、耳をそばだてた。ピョートルにとって、酒盛りは単なる盛り上がって泥酔するだけでなく、まぎれもなく政治の場であった。気になることが耳に入れば、冷静なときに真意を確かめるべく、書きとめた。ピョートル、暴れても怖いし、暴れなくても怖い。

余談だが、酒席で本音を聞き出す手法は時の権力者の常套手段である。日本も例外ではない。「無礼講」という言葉があるが、起源は鎌倉時代末期の後醍醐天皇時代に求められ

るという。寵臣の日野資朝《すけとも》らが「無礼講」と呼ばれる宴を催したことが、『太平記』や『花園天皇宸記』に記されている。身分や地位に関係なく集まり、男たちはざんばら髪で、僧侶も肌着姿となり、女性に薄い単衣を着せて裸に近い格好で酌をさせた。

献杯の順序は当時は五月蠅《うるさ》かったが、この会では全くこだわらない。山や海の幸や酒を並べたドンチャン騒ぎに興じた。だが、この無礼講の実態は、宴会を隠れ蓑にした倒幕会議。出席者たちが腹を探り合い、後醍醐天皇が家臣の忠誠をはかるために開いていたとも言われる。「無礼講」と言いながらハメを外せないのは、古今東西変わらない。

ピョートルの宴がどのような目的にせよ、乱痴気騒ぎがとにかく大好きだった。時も場所も選ばなかった。先進国に追いつけ追い越せと海外への関心も高かったが、視察にいけば、騒ぎに騒ぎまくった。研修という名の社員旅行みたいなものだ。

一六九〇年代末に英国を訪れた時の話だ。ロンドンの生活に飽きたピョートル一行はテムズ河周辺のデットフォードにある海軍大将の家に移り住む。昼間は近所の労働者と一緒に斧を振るい、気になることは技師に熱心に質問した。ピョートルがロシアを大国に押し上げた要因のひとつはこの学習熱心さにあったことは間違いないだろう。技術や科学への関心は人一倍高かった。

だが、学ぶだけでは終わらない。彼は、政治の才能と酒量は比例すると真面目に考えていた。古い考え方だが、実際、彼が生きたのは中世なのだから文句は言えない。

良く学び良く暴れた。夜は乱痴気騒ぎを繰り返した。人の家だから家具や絵画を大切にしようという気持ちは一切無く、巨匠の作品めがけて酔って銃弾を撃ち込んだり、扉や窓を外して燃やしてしまったり騒ぎに騒いだ。床は吐瀉物や唾で汚れ、なぜかでこぼこに。庭の花壇も当然、踏まれまくって全壊状態。三ヵ月の間に別の家と化した。持ち主の海軍大将があまりの無惨さに血の気を失ったかはしらないが、損害の証明書をつくらせ、三五〇〇ポンドが国から支払われたという。現在の貨幣価値では約四万ポンドで、日本円にすれば五〇〇〇万を超える額だ。

ピョートルのこうした姿勢はその後も変わらない。英国で大暴れしてから、十数年後にフランスを訪れるが、その際はフランス側に「お忍びだから、四〇人くらいでいくよ」と事前に知らせた。ところが、蓋を開けてみると八〇人規模で押し寄せ、「そんな予算ないんだけど……」とフランス側を慌てさせた。

滞在中も、フランス側が用意した馬車が気にくわないとクレームをつけ、慌てたフランス側がご機嫌伺いに使者を送ると、誰もが酒を飲んでいて、ベロベロでまともに会話が成立しない。

オペラ座で歓待を受けるも、ピョートルは飽きて早々とビールを飲みだし、それでも退屈だったからか、途中で街へ飲みに出かけてしまう。

暴飲暴食がたたってか、パリを離れる頃には体がガタつき始める。四〇代半ばになっても乱痴気騒ぎをしていたら健康を害するのも当然といえば当然だ。ピョートルは医者の勧めに従い、ベルギーで温泉で療養することを決めるが、当然、おとなしく療養するわけがない。

温泉に向かう船に大量の食料と酒を搭載し、「養生するのは向こうについてから」と一〇人分の酒と食事をたいらげ、深夜一時過ぎまで踊り狂った。全くもって養生する気配を感じさせない。

目的地に着くと水を大量に口に入れ、少し寂しくなると酒で喉をうるおした。そして、船で運んできたご馳走をみなで楽しんだ。どこが療養なのかと思うが、水を大量に飲む、時々、酒を口にする、ご馳走をバカみたいに食べる、消化するために散歩する。この無敵のローテーションを四週間続けた。その結果、「もう、おれは健康だ」という境地に達し、その街の名士を集めて宴会を開催する。みんなに記念品をあげ、医者に健康回復の証明書を書かせる。つまり、「皇帝のおれが健康だと言えば健康だ。そう書いておけ」という無茶苦茶な理屈だ。突っ込みどころが満載だが、後日、「この場所での温泉療養は効果がある」と記された石碑をこの町に送ったほどだから、ピョートルとしては大満足だったのだろう。

ヨシフ・スターリン――「おれの酒が飲めないのか!」は万国共通

ビッグスリーと言えば、何を思い浮かべるだろうか。車好きの人ならば、「ゼネラルモーターズ」「クライスラー」「フォード」の米国自動車メーカー三社だろうか。お笑い好きの人ならば、ビートたけし、明石家さんま、タモリか。あらゆる業界にビッグスリーは存在するが、二〇世紀前半の世界政治のビッグスリーと言えば、ウィンストン・チャーチル、フランクリン・ローズベルト、そしてヨシフ・スターリンだ。

スターリンは寡黙で狡猾だった。モスクワの米国大使のアヴェレル・ハリマンはビッグスリーを比較して、彼を「戦争指導者として最も有能だ」と評価している。

大柄に見えるかもしれないが、一六三センチメートルしかない。外国の大使などは実際のスターリンに会うと小ささと弱々しさに驚いた。大衆にいかに自分が映っているかを非常に気にした。ずんぐりした体軀だったが、カメラを向けられると、二重顎を見せないようにした。

スターリンはビッグスリーでは異質だ。チャーチルとローズベルトは生まれが裕福だが、スターリンは貧しい靴屋の息子だ。バリバリの労働者階級だ。

ロシア正教の神学校で勉学に励むのもつかのま、革命に目覚めてしまう。とはいえ、金がない。金がなかったらどうするか。盗めばいい。不法に金を得ているやつらから盗んでしまえと、活動資金を得るために、銀行強盗でも売春宿経営でもやってのけた。

銀行泥棒や売春宿経営の経歴を持つ指導者は有史以来、他にいないのではないだろうか。当然、捕まったり、流刑されたりするのだが、懲りずに脱走して、また非合法的な活動に手を染める。彼らにとっては革命のための活動であって、非合法ではないのだ。

それらの活動は、ついにロシア革命として結実する。革命の立役者であるレーニンも、無鉄砲なスターリンを頼りにしていた時期があった。「君は鉄の男だ！」ということで、ロシア語で「鋼鉄の男」を意味する「スターリン」と名付けたほどだ。本名がヨシフ・ベサリオニス・ヅェ・ヂュガシヴィリと聞くと、スターリンの印象が全く変わるから不思議なものだ。

ただ、名付け親のレーニンですら、次第にスターリンの粗暴さや冷酷さに危うさを感じるようになる（売春宿経営でもスターリンは娼婦に金をほとんど払わなかったため、そんな資本家みたいな真似は止めろとレーニンに怒られている）。

レーニンの後継者にはトロツキーやジノヴィエフなど六人の名が挙がっていた。レーニンは、六番目の男であったスターリンを党書記長から外すように遺言したものの、時すでに遅し。第六の男によって他の五人は次々に殺されていった。

当時、人民を虐殺した指導者としてはヒトラーが歴史に名を残すが、スターリンはそれを大きく上回るとされる。

一九三七、三八年の二年間だけでも、約一五八万人が逮捕され、六八万人が銃殺された。一九三〇年代全体では、強制労働による死者数や農村集団化の犠牲者数も含めると、一〇〇〇万人とも二〇〇〇万、三〇〇〇万人とも言われている。

ロシアが世界に誇る文学者ドストエフスキーが著した『罪と罰』は、ペテルブルク大学の元学生ラスコーリニコフが、近所に住む金貸しの老婆を殺害する物語だ。犯行の動機は「天才は凡人の権利を踏みにじっていい」という哲学だ。この選民思想を体現したのがスターリンだ。

彼は七四歳まで生きたが、生前の行為は当時、ソビエト社会主義の実現のために必要だったと正当化された。スターリンという天才にとっては凡人の命を一〇〇〇万単位で奪っても痛みを感じる必要はなかったのだ。

それにしても、虐殺した人数が大雑把すぎるが、断定できないのは、大規模の粛清のみならず、スターリンの周囲の者が忽然と姿を消すことも珍しくなかったからだ。冗談のようだが、スターリンが気にくわない様子を見せると、その怒りを買った人物の姿が見えなくなったのだ。

ここで鍵となるのが酒だ。スターリンに宴席や執務席でウォッカを勧められた腹心や古い同志が毒を盛られ、忽然と姿を消す。愛人の何人かも同じ運命をたどっている。後世に、スターリンの粛清の理由に首をひねる研究者もいるが、それはそうだろう。手当たり次第に殺している感は否めない。

「警戒して飲まなければいいのに」と思うだろうが、スターリンは殺すつもりがなくてもとにかく飲ませるのが好きだった。殺すために飲ませているのか、ただただ飲ませているのか判断が難しいから厄介だった。

夜型のスターリンの宴会は明け方まで続くことも珍しくなかった。部下が千鳥足になるまで飲ませ、それでも、乾杯を繰り返した。部下たちを杖でむやみに殴り、「お前らが私の酒を盗んで飲んだのか」と罵声を浴びせることもあった。パイプで頭を叩くこともあった。部下としては、何を考えているかわからないから従うしかない。

スターリンはとにかく酒宴を好んだ。海外から首脳が訪れても、自分たちのペースを崩さない。あるときは、部下が唐辛子入りのウォッカをなみなみとつぎ、英国の参加者に「一緒に飲み干そう」と声をかけるも、飲み干すのは自分たちだけで、相手はちびちびと舐めるだけ。それでもかまわず二杯目も一気飲み。まともでいられるはずがなく、顔から汗が噴き出て、椅子に座るのもままならない状態に陥り、英国側は完全に呆れ果てる。頃合いを見計らってスターリンが汗だくで泥酔した部下に近づき「かんぱーい」って、どんな宴なんだか。

また、西側諸国を招いたパーティーでは、ロシア側の誰もが各国の大使を酔わせようとした。英国大使はワインボトルとグラスが所狭しと並ぶテーブルに倒れ込み、顔に切り傷をつくり、米国の将軍はふらつきながら売春婦を伴って、自室に姿を消した。

近年も米国の大統領がロシアで破廉恥なプレイをしていたと報じられたが、西側にとってはロシアは鬼門のようだ。

誰がいようとおかまいなしに放言した。部下をからかい、「こいつらは任務を怠れば絞首刑だ！　乾杯」とグラスを合わせ、時のフランスの実力者であるシャルル・ド・ゴールをドン引きさせた。

とは言え、スターリンもさすがに大戦中はあまり酒も飲まず膨大な仕事をこなした。だからと言って、部下は気が抜けない。酒宴で部下をいじめ抜くほどだから、仕事で部下を徹底的に管理しようとしたのは言うまでもない。

第二次世界大戦中はスターリンも、側近があまりにも抱えている仕事の量が多いため、休息をとらせようという親心から休息表をつくった。例えば、午前四時から午前一〇時までは確実に眠るように命じた。疑り深いスターリンは休息を命じた時間帯にわざと電話をかけ、本人が電話に出ると「なんで休んでないんだ」と叱った。困るのは部下だ。「ちゃんと眠れ」と言われても、スターリンと深夜まで食事や映画鑑賞に付き合わなくてはいけないため、仕事が全く終わらない。電話対応に別の者を配置し、スターリンから電話があると「同志は休息中です」と答えさせる者もいた。休息なのに心は全く安まらない。

　もともとが酒好きなため、戦争の途中から酒宴の乱痴気騒ぎは復活し、戦後はそれが日常になった。酒宴で全てが決まっていたと言っても過言ではなかった。厄介なのはただでさえ酒癖が良くないのに、スターリンは動脈硬化により、脳への血流が悪くなり、ブチ切れやすくなっていた。周囲の者にしてみればこれまで以上にスターリンに気を遣わなければいけない。いつ消されてもおかしくないことは彼ら自身が一番知っていた。

　スターリンの夜は、まずクレムリン宮殿三階に設けられた映画室での映画鑑賞から始まる。刑事映画やギャング映画が好みだったというが、担当者はスターリンの機嫌を見極めて作品を選び上映しなければいけない。上機嫌のときは初見の映画を流し、機嫌が読めないときは安全牌と思われる作品を選ぶ。国内ではいかなる映画もスターリンの検閲を受けないと公開できなかった。

「たかが映画」と思われるかもしれないが、外国映画は逐一、通訳しなければいけなかったのでムチャクチャ大変な労力を伴った。映画担当責任者が二人続けて銃殺されたこともあるので、命がけだ。

映画鑑賞は通常二本立てで、終わるのが午前二時頃だった。誰もが寝静まっている時間帯だが、スターリンの夜は終わらない。「これから予定はあるかね。諸君に時間があれば何か食べに行こう」と誘うのだ。

午前二時に予定のある者などいない。答えは一択だ。「はい、喜んで」。

そこから一同は車に分乗し、スターリン邸の大食堂での宴となるが、これが平均六時間にも及ぶ。当然、終わった頃には、日が昇っているというよりも現代ならば出勤時間である。

六時間も何を話すのかと思いきや、重要な政策決定や文学など話は多岐に及ぶ。重臣だったモロトフは、国の政治は「スターリンの食卓で決まった」と書いている。最終的にはただただ酔っ払いの群れがそこにいただけだが。

ウォッカで乾杯を重ね飽きると、唐辛子入りウォッカやブランデーのボトルが登場した。スターリンも、戦後になると酒を控え始めたが、時には乱れることもあった。何よりも仲間たちに酒を飲ませ、ハメを外させることに喜びを感じた。例えば、気温当てゲームを提唱しながら、酒を勧め回った。正しい気温を言い当てられなかったら、誤差の温度の杯数（三度ならば三杯）のウォッカを飲まされた。独裁者なのに学生ノリであるが、実際、時に宴は学生の新歓コンパの様相を呈した。

いい年をした重臣たちが肥満した身体を揺すってよろよろと部屋を駆け出して、嘔吐し、自分の衣服を汚し、最後にはボディーガードに担がれて帰宅する始末だった。スターリンはモロトフの酒の強さを賞賛したが、そのモロトフさえ泥酔した。ポスクリョーブィシェフ〔著者注・スターリンの私設秘書〕は必ずと言っていいほど吐いた。酒豪のフルシチョフはベリヤに負けずにスターリンの歓心を得ようとして、大量の酒を飲んだが、時にはあまりにも酔いすぎて、ベリヤの手で家まで送り届けられた。ベリヤはフルシチョフを家まで送り届け、ベッドに寝かしつけたが、フルシチョフはしばしば失禁してベッドを濡らした。ジダーノフとシチェルバコフはいったん飲み始めると自制できなくなった。シチェルバコフはアルコール依存症になり、それが原因で一九四五年五月に死亡する。ジダーノフもアルコール依存症になって苦しんだ。ブルガーニンも「事実上の依存症患者」だった。マレンコフはますます太った。

（『スターリン――赤い皇帝と廷臣たち　下』）

幸せな者は誰ひとりいない惨状だが、同志が悲惨になればなるほどスターリンは満足だったのだろう。そして、誰もがスターリンの歓心を買おうと子どもじみた酒宴を盛り上げようとした。

庭の池に酔った者を落としたり、ウォッカに塩を大量に入れ、それを飲み、あまりの辛さに吐く姿を楽しんだり、酔い潰れた者の背中にペニスの絵を描いた紙を貼り、起きて何も知らず動き回るのを笑いものにしたり。大学生よりも酷い。

スターリン自身もトマトを人に投げつけたり、イスの上にトマトをこっそり置いてその上に誰かが座るのを楽しんだ。庭で飼っていた鳥を撃とうと、銃を持ったものの、ふらついて地面に発射し、危うく仲間を射殺しかけたこともあった。

もちろん、「こんなの耐えられない」と誰もが考えるだろう。同志の何人かは給仕を買収して、酒の代わりに、色が付いた水を出すように作戦を練った。別の者はトイレに行った際に見つかりにくい小部屋で仮眠する術を覚えたが、いずれもスターリンに密告する者がいて、バレた。スターリンに内緒でみんなで手を結んで極力飲まない方法もあったが、バレることを恐れた。みんな、スターリンが怖かったのである。

スターリンの最期もそんな恐怖政治がもたらした面がある。

一九五三年二月二八日の夜、例によって重臣たちとクレムリンで映画を楽しみ（スターリン以外が楽しんだかはわからないが）、夜一一時に食事をするために自宅に戻った。当時は朝鮮戦争中だったため、戦況の報告などを聞きながら、午前四時まで宴は続いた。かなり酔っていたが、非常に元気でフルシチョフの腹をふざけながら荒っぽく殴っていたというから、死ぬ間際まで学生ノリの飲み会は続いたわけだ。

翌日、その日は日曜だった。午後になってもスターリンの寝室には何の動きもなかった。警護隊員たちは一様に不安になったが、どうしようもない。もし、寝ているところを起こして機嫌が悪ければ銃殺されかねない。そのようなリスクを冒して声をかける勇気を誰も持ちあわせていない。

「昨日、飲み過ぎていたし、寝ているのだろう」と静観していると午後六時くらいにスターリンがいると思われる部屋にようやく明かりが灯る。よかった、よかったと胸をなで下ろすが、一時間、二時間、三時間経っても動きはない。午後一〇時になりスターリン宛てに届いた書類を渡すという名目で部屋をのぞくと、床に倒れたスターリンの姿を見つけた。意識はあったが、身動きはとれなかった。高血圧と動脈硬化が悪化し、倒れたのである。血液凝固阻止剤を盛られたとの説もあるが、倒れたのを発見されてからもスターリンは医師も呼んでもらえず、失禁した尿で全身を濡らしながら一二時間以上放置された。

医師を呼ばなかったのは、連絡を受けた重臣たちがわざと放置したからとも言われている。と言うのも、スターリンは自身に引退勧告した医師を拷問にかけるくらいの医師嫌いで知られていた。スターリンの性格を考えると万が一、医師を呼んでいる最中に回復でもした際には自分たちがどのような罰を受けるかわからない。とは言え、このままだと死んでしまう。協議に協議を重ね、医師を呼んだが、有能な医師はみんなスターリンによって牢獄に入れられているからまともな医師は娑婆にはいない。そもそも呼んだところでスターリンが怖いから、医師が脈をはかるのもままならない。

有効な治療策もなく、スターリンは三月五日に亡くなる。世界に影響を及ぼした為政者としては悲しい最期と言わざるをえない。

ボリス・エリツィン——下着姿でホワイトハウスを徘徊した急進派

「恥の多い生涯を送ってきました」と告白しなければいけないのは小説の世界だけではない。人生には失敗がつきものだ。だから、イメージで売る芸能人はともかく、政治家に対しては私生活や政治家になる前の過去をいろいろと詮索しなくてもいいのではという声がある。素行不良だろうが不倫をしようが、暮らし向きをよくしてくれればそれでいいのではないかと。だが、大国の現役の大統領が他国との外交中に何度も懲りずに酩酊したとなれば、話は変わってくる。眉をひそめるのはＳＤＧｓを念仏のように唱えている二〇二三年の日本国民だけではないはずだ。一九九〇年代に泥酔大統領として名をとどろかせ、自国民からも顰蹙《ひんしゅく》を買ったのがロシアのボリス・エリツィンだ。

一九三一年、ウラル地方のスベルドロフスク州に生まれ、ウラル工科大学建築科を卒業して建設技術者になる。一九六一年にソ連邦共産党に入党し、一九七六年に同州の最高権力者である州党委員会第一書記に昇進。一九八五年にその指導力を買われ、就任したばかりのゴルバチョフ書記長から中央に引き上げられ、中央委員会建設部長としてモスクワ政界入りした。急進改革派として頭角をあらわすが、あまりにも急進しすぎて、ゴルバチョフ批判までしだしたため、一九八七年にはモスクワ市党第一書記を解任される。それでもめげないのがエリツィンだ。党指導部への批判を平然と展開し続けたため、カリスマ的な支持を得て、政界に復帰する。一九九一年にはロシア大統領に選出された。同年ゴルバチョフに対するクーデタが発生すると、クーデタを鎮圧し、共産党を解体。独立国家共同体（CIS）が誕生すると、事実上の最高指導者となった。

ボリス・エリツィン（出典：www.kremlin.ru））

エリツィンは過激な発言と幹部の特権や官僚主義を批判する鋭い舌鋒の鋭さが、大衆の心をつかんだ。当時としては型破りだったが、それは表向きのポーズではなく、公私を問わず発揮された。

有名なエピソードは一九九五年の訪米だ。いつものように泥酔したエリツィンはホワイトハウスに近い賓客用宿泊施設であるブレアハウスの前の路上を下着姿でうろついていたところをシークレットサービスに保護された。ろれつが回らない様子で「ピザを探している」と話し、タクシーを呼び止めようとしていたという。ホワイトハウスの前で探すピザってなにと不思議に思った人もいるだろう。食べるピザだ。わけがわからない。

二〇一四年に発刊されたビル・クリントン元米国大統領のインタビュー集によって、この事実は明らかにされた。クリントン氏はエリツィン氏の奇行が国際問題になりかねない事態だったと振り返っているが、まさにその通りだろう。

そこらへんのオジサンでも、路上で下着姿で泥酔してタクシーを止めようとしていたら衝撃だ。それがそこらへんのオジサンではなく、大国ロシア、軍事力ではアメリカに次ぐと当時言われていたロシアの大統領が「ピッ、ピッザが欲しい」とよろよろしているのである。下着姿で。

とはいえ、関係者にしてみれば、いつものことかと「想定の範囲内」なのかもしれない。「一国の首脳が泥酔してピザを探し回って保護される」を超えるエピソードはなかなかなさそうだが、彼の場合はこうしたエピソードが五指にあまる。

例えば、その前年の一九九四年九月にドイツを訪れ、旧東ドイツからのロシア軍撤退記念式典に登場した際には、楽団の演奏中に指揮者から指揮棒を奪う暴挙に出ている。そして、自ら指揮を振り、国際的な失態を演じた。米国の件は公衆の面前ではないが、こちらは式典の最中の出来事だ。これは式場まで乗り付けたリムジンに備えられたミニバーの十数種類の酒を全て飲んでしまったからだというが、車内で誰か止めろよと思うのは私だけだろうか。

ドイツを訪問した後、エリツィンはアイルランドを訪れるが、ここでも期待を裏切らない。「エリツィン行くところに酔態あり」だ。アルバート・レイノルズ首相との首脳会談を予定していたが、相手を飛行場滑走路で二〇分待たせた上でドタキャンする。これは酒に酔い、寝てしまったためとの見方が支配的だが、心臓発作で記憶を失ったためとの説もある。エリツィンが「発作で気絶したなんて、そんなの恥ずかしいから公表しないでくれ」と泣き叫んだため、飲んで起きなかったのがドタキャンの理由にされたとも言われているが、どっちが恥ずかしいのだろうか。心臓発作は恥ずかしいのか。そもそも、もっと恥ずかしいことを散々しているだろうと感じてしまうのは私だけではあるまい。

ドタキャン程度なら外交問題に響く可能性は小さいだろうが、一触即発の事態を招いたこともある。

キルギスタン（現キルギス）のアカエフ大統領は、一九九二年、宴席でエリツィンにロシアの地方芸能「ローシュキ」の演奏を所望した。エリツィンが木のスプーンを使ってリズムを奏でる「ローシュキ」の名手と耳にしていたからだ。

宴席でなくてもガブ飲みするのだから、宴席では当然、ガブ飲みヨロヨロ姿がスタンダードだ。まともな判断はできない。演奏依頼を、無理強いされたと感じたエリツィンは怒りをあらわにする。怒りのあまり、アカエフ大統領のはげ頭をスプーンで叩いてしまったのである。確かに「演奏」はしているが……。

あまりの泥酔ぶりに酒を控えさせようとした者もいた。

一九九二年五月にはロシア最高会議でエリツィンの飲酒癖が痛烈に批判され、議題に取り上げられるような動きもあった。これは、批判される前日にエリツィンがウズベキスタンのタシケントを訪れ、テレビ出演したのが引き金になった。いつものように泥酔してあらわれ、それだけでも顔をしかめている人はいるのに、その後に、テレビカメラに向かって倒れ込んでしまったのだ。この醜態を反エリツィンの議員の一部が問題した。一九九二年五月と言えば、日本は宮澤喜一内閣だ。宮澤首相も生粋の酒飲みで、酒乱扱いされていたが、宮澤氏がテレビカメラの前で泥酔している姿は確かに想像できない。

「エリツィン、ヤバイだろ」と憤った議員は最高会議に「大統領健康調査委員会を設けて、飲酒が政治判断や行動に影響を与えていないか徹底調査すべきだ」と提案した。

当然、エリツィン派は「大統領を侮辱するのか」と猛反発。結局、否決されたが、世界の笑いものになり、侮辱されっぱなしである状態を国として認めてしまったわけである。

外交の現場でもＴＰＯをわきまえず酩酊し、狼藉を働くわけだから、取材や講演で酩酊するのは日常茶飯事だった。話は前後するが、一九九〇年、ロシア共和国最高会議議長として来日した時はエリツィンは泥酔せずに講演や取材をこなした。これは招聘したスタッフがエリツィン側と「条件」を結んだからと言われている。酒を飲ませなかったのである。というのも、その前年に訪米したエリツィンは酒をかっくらって雑誌の取材に応じたところ、支離滅裂の受け応えに終始。それどころか、翌日に予定されていた別のインタビューもドタキャン。時差ボケで睡眠薬を飲み過ぎたという十八番の言い訳をするも、前日の状況から誰も信じるわけがない。

そうした酒癖を知っていた日本側はエリツィンを呼ぶのに多額のカネを支払っている以上、禁酒を要請したというわけだ。とは言え、飲むなと言っても飲みかねないので、常時二人のお付きをつけた超ＶＩＰ体制を敷いた。確かに超ＶＩＰな人だけれども、その目的が飲ませないために目を光らせるというのもどうなんだろうか。

さすがに、そこまでされれば我慢したものの、酒が飲めないからか終始不機嫌。北海道の民放のテレビに出るときは生放送にもかかわらず、控え室にぎりぎりにあらわれて「疲れたから二〇分しか喋らない」と言い出す始末だったとか。番組は一時間半だけに関係者は焦るも、「さすがに喋ってくれるだろ」と見ていると本当に二〇分で黙ってしまう。これに司会の大学教授が頭にきて、エリツィンに向かって「(あなたの)北方領土返還論はおかしい」と指摘すると、ただでさえ不機嫌な顔がもっと不機嫌に。酒も飲んでいないのに顔がまっかになったかどうかは知らないが、結局、放送終了直前に席を立ってしまう。その日の夜にはエリツィン主役のVIPパーティーが予定されていたが、ご機嫌ナナメのエリツィンは部屋に籠城。ちょっと子ども過ぎるだろ、と誰もが思っただろう。出演したテレビ番組の司会者など関係者の必死の二度にわたる説得工作でようやく顔を出した。

飛べない豚はただの豚という名言があったが、飲まないエリツィンはただただ不機嫌なおじさんなのだ。

飲まさないと超不機嫌、でも、飲むと外交問題になりかねない。究極の二択を関係者は迫られ続けた。

一九九五年にエリツィンが心臓病で倒れた際は、これ幸いと、健康を口実に、周りが節酒させようとする。それでもウォッカをガブ飲みしようとするので、警護局長など、周囲の者は大量の水で薄めたウォッカをボトルに詰めて新品に見せかけ、本人に渡していたという。「これは薄くないか」と聞かれることもあったが、「そんなもんですよ」とごまかしていたものの、あるとき、ばれる。「薄めていたのか」と、犯人と疑われたクレムリンの料理人は解雇された。完全なとばっちりだが、酒の恨みはこわい。

ここまで読みすすめた方は「こんな大統領で大丈夫だったのか」と疑問を抱くだろう。エリツィンは一九九一年に大統領に就任してから、公になっているだけでも何度も心臓発作を起こし入院している。それでも酒をやめず、やめないどころか国際的に醜態をさらしても政権を維持していたが、これは当時のロシアの情勢も関係している。

旧ソ連解体の混乱で経済力は欧州の中規模国家クラスに落ち込み、「大国」ではなくなっていた。ロシアの指導者の国際的な影響力はかつてと比べるほどもなく低下した。つまり、悲しいかな、世界からそこまで関心を持たれていなかったのだ。例えば、同時期にトップだった米国のクリントン大統領が心臓発作で入院でもすれば、世界の金融市場は大荒れだろうが、エリツィン氏が入院したところで「またか」ですんでしまったのである。

また、国内情勢もエリツィンを許容した。「飲まなきゃやっていられない」とはよく言ったものだが、当時のロシア国民はエリツィンほど場所を問わず飲むかはともかく、飲まなきゃやっていられなかったのだ。

特に旧ソ末期は、国民は酒を国によって控えさせられていた。一九八五年にソ連の最高指導者に就任したゴルバチョフは、アルコールが経済の生産性と国民の健康を蝕んでいることを重く見る。これ自体は非常にまっとうなのだが、必ずしも人間は主張や政策が合理的か非合理的かで意思決定しない。

ゴルバチョフは「反アルコールキャンペーン」を大展開し、酒の消費量は激減する。だが、肝心のソ連経済の立て直しには直結せず、酒を飲むことくらいしか楽しみがなかった国民の怒りが募ることになり、ゴルバチョフ退陣へと繋がる。まるで酒が飲めないからゴルバチョフが退陣させられたように思われるかもしれないが、「我慢したのに全くもって経済がよくならない」という憤りが、全てではないものの一因であったことは専門家からも指摘されている。

エリツィンが長期政権を築けたのは、意外かもしれないが政局の判断に長けていたからとも言われている。スプーンでキルギスタンの大統領のはげ頭を叩くことからもわかるように、人の好き嫌いは激しく、一度嫌いになった人間は徹底的に排除した。

それを明確に示したのが人事だ。大胆な登用を示す一方、自分に害が及ぶ可能性があると見るや容赦なく斬り捨てた。三顧の礼で迎えたり、家族同然だったりした閣僚を厄介者扱いして放逐するのは日常茶飯事だった。

例えば、ネムツォフ第一副首相の自叙伝の中での述懐が興味深い。

現在、新興財閥のトップでは唯一の反プーチン派であるアナトリー・チュバイス氏の経済政策の舵取りが、一九九六年一月に議会の激しい攻撃にさらされ、エリツィンに解任された時のことだ。理由を尋ねたネムツォフ氏に、エリツィンは「地方では、みんな野良猫をチュバイスと名付けていじめている。そういう人物をこれ以上置いておくわけにはいかない」と答えたという。企業の民営化を主導したチュバイス氏が貧富格差の元凶として嫌われているのを察知したエリツィンは、自分が抜擢した人材ながらも簡単に斬り捨てたというエピソードのひとつだ。

エリツィンを若い頃から知る共産党幹部は「皇帝のように気まぐれで、ボルシェビキ（共産党）のように冷酷。ロシア政治の要諦は相手をおとしめることで自分の権力の大きさを知らしめることにある」と、エリツィンの政治手腕を日本の特派員に語っている。

エリツィンは自著『エリツィンの手記』の中で、自らが「自分自身や、周りの人が作ったイメージに支配されている」と語り、人に影響されやすい性格だとも記している。大胆な振る舞いと剛直な風貌とは裏腹に、各種のエピソードからは社会の風を読み、自己防衛力が高い、神経質で警戒心が強い様子がうかがえる。

ヤバイやつを斬り捨てて、相手をおとしめることで自分の権力を大きく見せる。そうすることで、異国でパンツ一丁で徘徊しようが他国の首脳のはげ頭をスプーンで叩こうが、権力の座に居座り続けたのだ（泥酔し足を滑らせて川に落ち、死にかけたこともあった）。

そして、このロシア政治の伝統は、後継者であるウラジミール・プーチン氏が踏襲した。エリツィンと違い酒をほとんど飲まないプーチン氏だが、手段を選ばず相手を排除するスタイルは同じだ。冷酷無比な外見も手伝い、長期にわたり実質的な権力を保っている。

映画監督のオリバー・ストーン氏がプーチン氏に迫った『オリバー・ストーン オンプーチン』は異色のドキュメンタリーだ。社会派で知られるストーン氏が、約二年をかけて二〇時間以上インタビューしており、プーチン氏が生い立ちから大統領になるまでを語り尽くすという怪作になっている。ストーン氏の舌鋒が恐ろしいくらいに鈍く、家族がロシア軍に銃口を突きつけられているのかと思えるほど、プーチン氏への配慮がうかがえる。プロパガンダ色が強いのだが、思わず引き寄せられるのが、このドキュメンタリーの冒頭だ。Amazon Prime でもネット配信している（二〇二二年一一月二六日時点）ので加入している人はぜひ見て欲しい。

エリツィンの泥酔した、ひどいありさまがこれでもかと連発されているのだ。ヤバイやつをおとしめて、自分をでかく見せる。プーチン氏にとっては自分を大きく見せる格好の材料が泥酔姿の前任者だったのである。

ムスタファ・ケマル――「死ぬまで飲み続けたトルコの父」

トルコ建国の父と呼ばれ、時に独裁者と呼ばれる。ムスタファ・ケマルは不思議な政治家だ。

功績は誰が見ても抜きん出ている。約六〇〇年続いたオスマン帝国を倒し、政教分離を断行した。一夫多妻を禁じ、女性のベールをやめさせ、日本やフランスより早く女性参政権を実現した。イスラム暦をグレゴリオ暦に変え、学校制度も整えた。国語をアラビア文字からローマ字に変えて、識字率を高めた。

もともと、軍人だったケマルがその名をとどろかせたのは、ドイツなどとともに英仏と対峙した第一次世界大戦だった。ダーダネルス海峡にほど近いガリポリに上陸した英仏軍を、激戦の末に撃退している。英仏側の作戦の立案者は当時の英海軍相のウィンストン・チャーチルで、彼はこの敗北で引責辞任に追い込まれ、首相になるまでの政治家人生の汚点になる。

しかし、ケマルの奮闘むなしく、オスマン帝国は敗戦国となり、戦勝国はオスマン帝国を分割しようとする。列強の後押しでギリシャ軍が侵入し、国家存亡の危機に陥るが、ケマルは臨時政府を樹立して国民を結束させ、ここでも撃破する。続けて帝政廃止も呼びかける。さすがにこれには難色を示す者も少なくなかったが、「反対しても現実は動かしがたい。そのときは首が落ちるかもしれないぞ」と脅され、反対派はこぞって賛成に転じる。

英仏軍もギリシャ軍も打ち破ったケマルの発言に震え上がった結果、帝政は倒れる。

国土分割を阻み、帝政を打倒したケマルは一九二三年に新生トルコ共和国の初代大統領に選ばれ、先に挙げたような改革を推し進める。

「一人の人間ではふつうできないことをしたスーパーマン」に映るが、実際、二一世紀のトルコでもケマルは神聖不可侵の存在に近い。学校ではケマルの「革命史」を学ぶのは必修で、映画や本では完全無欠の英雄として描かれてきた。

現在流通しているトルコの全ての紙幣に彼の肖像が描かれている。官庁、オフィス、応接間、どこにも肖像画が飾られている。「ケマル・パシャ」という名の菓子までかつてはあった。

とはいえ、ひとりの人間だ。二〇〇八年にトルコ国内でケマルを描いた映画『ムスタファ』は物議を醸した。本人の日記や側近の手記などを基に生涯を描いたドキュメンタリーで、封切り二ヵ月も経たずに一〇〇万人を動員したが、批判も絶えなかった。というのも、ケマルのプライベートや失敗に触れ、人間らしさに光をあてたからだ。

「私は数多くの軍隊を率いたが、一人の女性を扱えなかった」と結婚に失敗して悩んだり、「どこに行っても(庶民から)不満を言われる」と愚痴ったり。今までと異なる姿に国民は唖然とし、「冒瀆だ」「過去の業績を傷つける」といった声があがった。

で、この映画でも描かれたのが、ケマルのぶれない大酒飲みの姿勢だ。

ケマルは酒を愛した。とにかく愛した。若い頃から、給料の大半を注ぎ込んだ。士官学校を出た後、将校を育てる上級士官学校に二一歳で入ると毎夜酒場に入り浸るようになる。酒場をうろついても学業は優秀極まりないから、どこまでも飲む。それでも飛び級で陸軍大学に入学してしまうくらいだから、行動は変わらない。結果的に、天才的軍事家でもあり政治家でもあったケマルには酒と女性が生涯つきまとうことになる。

陸軍大学にいた頃から、革命思想を持ち、秘密結社を仲間とたちあげる。だが、オスマン帝国皇帝の秘密警察にかぎつけられる。上層部が弁護してくれたため、一命はとりとめるが、卒業後は軍にとって重要拠点でなかった、ダマスカスの騎兵連隊に配属される。入社早々に閑職に飛ばされる新入社員のようなものだ。

当然ながら、ここでの二年はケマルにとって面白くない二年だったようだ。することがないから、それまでにも増して毎晩、浴びるように酒を飲む。後年、反ケマル派に「アンカラの酔っ払い」と揶揄されたが、この頃から大酒を飲み続ける習慣は始まった。

なぜ、アホみたいに飲み始めたかというと、孤独だったからだ。地方に送られたこともあったが、ダマスカスにも革命的な思想を持つ同志はいた。ただ、ケマルとは根本の考えが違ったのだ。

というのも、彼らは皇帝の専制政治を倒せばトルコは立ち直るくらいにしか思っていなかった。一方のケマルは国民国家の実現や政教分離を真顔で唱え、国家の仕組みそのものをぶっ壊さないと、トルコが滅ぶと考えていた。周囲にしてみれば、過激派を自認していたのにさらに過激なわけだから「ちょっとそこまではやらなくていいんですけど」と困惑するしかない。「職場のちょっと危ないやつ」と認識された結果、次第に敬遠され、仲間内のパーティーにも呼ばれなくなり、一人飲みでストレスを解消するようになったというわけだ。

イスラム世界では飲酒は原則として禁止だが、遅くイスラム化したトルコは宗教的な縛りも弱く、酒には寛容な土壌が今でもある。この理由には諸説あるが、オスマン帝国が領土を急拡大していくのは一五世紀半ば以降である。それまでは、中央アジアで騎馬遊牧民として暴れ回っていて、冬の寒さから身を守るために酒が欠かせなかったからではとの指摘もある。

実際に約六〇〇年、三六代続いた帝国の皇帝の半数以上が、大酒飲みかアル中だったとも言われている。皇帝が飲むものだから、臣下も国民もガブガブ飲みまくった。ケマルもガブガブ飲みまくった。

トルコ人は数百年前から「ラク」と呼ばれる蒸留酒を愛飲している。国民酒の位置づけだ。薬草入りのブランデーの一種で、フランスの「アブサン」に近い。アルコール度数が五〇度もある強い酒だが、ケマルはのちに大統領になり、トルコ一忙しい男になっても、この酒を一日一本（七〇〇cc）は少なくとも飲み干した。強い酒を飲みまくり、睡眠時間は四、五時間。朝七時には起床して政務に励む。特に晩年は酒量は増し、ラクを毎晩二本以上飲み、昼飯は簡単な豆料理、夕食は前菜のようなものしか食べなかったというから、どう考えても体に良いわけがない。

一九三八年一〇月、臨時の大統領官邸としていたイスタンブールのドルマバフチェ宮殿で執務中に倒れる。病状は一時、奇跡的に回復に向かうが、一一月一〇日に臨終を迎える。享年は五七歳。当時としても早すぎた死だった。

死因は肝硬変。軍人に任官した頃から、激務の憂さをはらすために酒に頼っていた生活が影響したのは明らかだった。それにもかかわらず、侍医には「(死因を）ラクと病気は無関係だと証明せよ」と強がったと言うから、いかに酒を愛していたかがわかる。

ちなみに、ケマルが倒れたドルマバフチェ宮殿では、一台を除きすべての時計の針が、彼の死の時刻である午前九時五分で止められている。「そのことが「トルコ革命の中断」を象徴しているように思えてならない」と指摘する声もある。大げさな解釈の気もするが、その後のトルコの歩みを振り返れば、決して大げさな解釈ではないのかもしれない。

周恩来、毛沢東――マオタイのもてなし力

中国といえば酒だろう。「海量」「河量」と酒の量を海や河など無尽蔵なものに例えることからもそれはうかがえる。

昔の詩人の記録からも中国人が酒好きだったことは明らかだ。杜甫は友人の李白の姿を見て、一斗百編と詠んだ。一斗の酒を飲んでいる間に詩を一〇〇編作る姿を描いたのだ。一斗は容積の単位で、いまの一〇升、つまり一・八リットル瓶一〇本にあたる。それほど飲んでも前後不覚にならずに、一〇〇編は言い過ぎにしても詩が次から次に出てきたというから驚きだ。

酒場で酔い潰れて、皇帝に呼ばれても行けなかったというエピソードもあるが、それは珍しいケースだったとか。李白は船の上で酔って、水に映る月をとらえようとして転落し、水死したという伝説まで残しているが、あくまでも伝説で、病死したとの見方が支配的だ。

中国の政治家で酒豪として知られるのが周恩来だ。同じく中国の革命第一世代の毛沢東が酒をそれほど好まなかったのとは対照的だ。といっても、毛沢東もリチャード・ニクソン米大統領を白酒でもてなしたというから全くの下戸ではなく、周恩来が強すぎたのだ。

ちなみに、白酒はコーリャンでつくる蒸留酒で、アルコール度数が四〇度～六〇度と強烈

だ。中国では国酒の地位を占めている。

周恩来の酒はまさしく「海量」だったが、決して飲まれることはなかった。外交手腕を評価する声は生前から高く、一九七〇年代初頭には国連に復帰するなど、西側諸国との関係改善に努めた。外交の場での振る舞いも一流だった。

周恩来（右）とニクソン（1972年、北京）

一九七二年に電撃訪中し世界を驚かせた米国のリチャード・ニクソン大統領は周恩来の宴席の振る舞いをこう記している。

会場には双方で五十人以上の出席者がいたので、われわれは順にグラスを合わせては乾杯していった。周の様子を見ると、乾杯はするが杯にはほとんど口をつけていない。テーブルを回って席に帰ってみると周も私もまだ一杯目を飲み残していたので、そこで本当に乾杯した

（『指導者とは』）

席に戻ったニクソンは、白酒の一種であるマオタイを飲むとアルコール度数（五三度）の高さがわかったが、周は平然とした顔で「長征の頃はこれを多い日は二十五杯も飲みました。年をとったのでいまでは二杯か三杯にしています」と言うのを聞いて驚く。五三度の酒を二五杯である。酔いどれで短気なニクソンなら泥酔して核のボタンを押しかねない酒量だ（詳しくはニクソンの項で述べる）。

酒豪ぶりに感服したわけではあるまいが、ニクソンは「周恩来のユニークな個性は最も感銘深いものの一つになった」と訪中を振り返っている。「挙借はエレガント、姿勢は正しく、悠々たるところに、何とも言えない魅力と安心感があった」「あたたかい人柄、非常な率直さ、沈着の裏にひそむ力が感じられた」と、口の悪いニクソンがここまで褒めるのかという絶賛ぶりである。

サービス精神も旺盛で、宴席では白酒の一種であるマオタイ酒のアルコール度数の高さを示すために、マッチをグラスに近づけ、燃え上がらせてニクソンを楽しませた。

ニクソンの訪中の前年に、下準備で右腕のヘンリー・キッシンジャー氏が周恩来と会ったときは、会食の際に周自ら北京ダックを取り分ける気遣いも見せている。

キッシンジャー氏は帰米後に、周について「ドゴールに匹敵する最も印象的な政治家」とニクソンに報告している。「めったなことで人を褒めないキッシンジャーが褒めるということはものすごい人物だろう」とニクソンは関心し、実際にその通りだったのだ。それにしてもニクソンはキッシンジャー氏をどれだけ性格が悪い人間とみていたのだろうか。

宴会で周囲に「どうぞどうぞ」と勧められ、つい飲み過ぎてしまう経験は誰にでもあるだろう。周はTPOをわきまえていて、飲まなくてすむときはニクソンとの宴席のように飲まなかったし、飲まざるを得ないときは鯨のように飲んでも平然としていた。だが、これにはカラクリがある。周は一度含んだ酒をタオルなどで口をぬぐう際にこっそり吐き出すことも少なくなかった。中国の「乾杯」は文字通り杯を乾かすことだが、周は乾かしながらも、そうした世渡り上手なテクニックを持ち合わせていた。

一九七二年、日中国交正常化の際に周は、訪中した田中角栄首相とマオタイで杯を重ねた。ふたりは乾杯を繰り返したがこの時も、乾杯後に口元にタオルをあてたり、足下に置かれていたバケツに口に含んでいたマオタイをさりげなく戻したりしていた。この頃、周はすでにガンに侵されていたが、全く病人らしき素振りもみせず、ガンガン乾杯していたというから驚く（結局飲んではいなかったわけだが）。

一方の角栄は、マオタイの魅力にとりつかれたのか、訪中の最後の宴席で飲み過ぎて、ふらふらになってしまう。周の狡猾さと田中の実直さが対照的だが、これも周のもてなし力がなせる業だろう。

角栄は最盛期には一日三件の宴席を軽くこなしたが、いずれの席でも角栄自身が酒を飲むことはほとんどなかったことで知られていた。自分は飲まずに相手に注ぐ。大人数の宴席でも、酒を一人ひとりに注いで回るから、主賓席はいつも空になる。主賓席に本来座るべき角栄が、いかに客席を回っているかがわかるエピソードだ。そんな角栄の足下をふらつかせてしまうのだから、周のもてなしの凄味がうかがえる。

とはいえ、周恩来もかつては失態を犯したことがある。一九五八年一一月に武漢で毛沢東を筆頭に、劉少奇など最高幹部や全国党地方委員会書記らが出席した祝宴が開かれた。その席で、毛沢東が「周総理は酒が強い。周総理に乾杯しようじゃないか」と呼びかけ、毛沢東の主治医が乾杯の音頭をとった。乾杯、乾杯の嵐で周恩来も「みんなで祝わなくっちゃ」とノリノリで「乾杯、乾杯」と所かまわず乾杯しまくった。

顔色一つ変えず、浴びるように飲み続けたが、さすがにその晩、泥酔したらしく、真夜中に鼻血が止まらなくなる。一国の首相が泥酔して鼻血とは少しばかり格好が悪い。周が悪いのだが、とばっちりを受けたのが乾杯の音頭をとった主治医。公安相から「医師たる者、他人に酒を勧めるよりもっとましなことを心得るべきだ」と叱られたというが、周にいってくれという話だろう。

ちなみに、毛沢東は前述のように酒をほとんど飲まなかったことで知られる。宴席で乾杯があれば、グラスを飲み干すが、日常生活では自ら酒を口にすることはなかった。先述した主治医が毛沢東の生活を明かした『毛沢東の私生活』にも、毛沢東が酒を好んで飲む光景は見当たらない。

今でこそ、毛沢東のそうした素顔は明らかにされているが、一九九〇年代初頭に発刊された同書は世界に衝撃を与えた。当時の政治家は酒色を好んだが、毛沢東は「色」専門だった。七〇歳を超えても、夜な夜な若い女性をベッドに連れ込んでいた様子が躊躇いもなく描かれている。毛沢東の私生活は清貧な生活とされ、国民はそう信じていたのにほど遠い光景しか記されていない。

一日の大半は屋内のプールサイドか、ベッドの中で過ごし、歯も磨かなかったし、風呂にも入らなかった。健康診断もひたすら拒否した。自身の健康で気にしているのは下半身事情のみ。六〇歳を超えているのにインポテンツになることを極度に恐れた。鹿の角のエキスが効くと信じて注射しまくっても、一向に「元気」にならず、癇癪を起こした。主治医もほとほと困って偽薬を与えていたという。すさまじき性への執念。英雄は色を好むのかもしれないが、単なる好色のわがままな老人としか描かれていないから悲しい。

周恩来についても飲み過ぎて鼻血を出した以外にも、とんでもないエピソードが描かれている。毛沢東がニクソンの訪中を控えながら、意識不明に陥ったときの話だ。一大事だと人民大会堂で会議中の周恩来にすぐさま連絡がいくと、周はショックのあまり失禁してしまう。ズボンを汚してしまったので、着替えてから駆けつけたときは毛沢東の意識は回復していたというから、その描写は果たして必要だったのだろうか。興味深いが、ここまで暴露して大丈夫かと心配になる。

暴露しすぎたことと関係があるかはわからないが、著者は同書の刊行の三ヵ月後に自宅の浴室で死体で発見されている。

ウィンストン・チャーチル――朝から飲む、昼も飲む、夜も飲む

英国には政治家と酒をめぐる話は少なくない。二〇〇六年には時のトニー・ブレア政権を舌鋒鋭く批判していた、英国第三党の自由民主党党首であるチャールズ・ケネディ氏がアルコール依存症で辞任に追い込まれた。国会近くで飲み歩いていたり、公衆の面前で異常な脂汗を流していたり、酒に関する噂は多かったが、過度な飲酒習慣は否定していた。それが、急転直下、アルコール依存症であることを告白したものだから、党内で猛反発を受け、辞任せざるをえなかったわけだ。

酒好きが多い英国の政治家の中でも、逸話が多いのはウィンストン・チャーチルだろう。名宰相として知られ、名文家としても名高く、ノーベル文学賞も受賞している。「酒を飲

んで失ったことより、得たことの方がずっと多かった」と豪語したのは有名だ。酒にまつわる発言は多いが、何かしでかしたような記録は多くない。本人も「他人の前に酔った姿をお見せするほど情けないことはないというしつけを受けた」と述べている。

チャーチルが好んだのは薄い水割りかソーダ割り。それをちびちび飲んでいたというから、「泥酔しない」と本人が語るのもわからなくもない。

とはいえ、酒量は尋常ではない。薄い水割りとはいえ、チャーチルはそれを一日中飲んでいる。「薄い水割りならば一日中飲んでいても大したことがないだろう。チャーチル恐れるに足りぬ」と、英テレグラフ紙の記者が真似したところ、「だるいわ、炭酸の飲み過ぎで苦しくなるわでつらかった」と振り返っている。

恐ろしいのは水割りだけではないところだ。水割りとは別に、昼と夜の食事のときに食前酒としてシャンパン一本。食中はワイン。食後や夜食にブランデー約一リットルを飲み干した。朝から飲んでいることもしばしばで周囲の者は控えるように言い続けたが、聞く耳を持たなかった。「チャーチルは酔っ払いではない。なぜなら酔っ払いならばあれほど飲めるわけはない」という者もいた。彼にとって酒は生命維持飲料であった。チャーチル自身、「若い頃はランチの前に強い酒は飲まないと決めていた。今の私は朝食の前に強い酒は飲まないと決めている」と語っている。

のちに盟友となるローズベルト大統領（一七〇〇通もの書面をやりとりした）はチャーチルが首相に就任した際、「たとえ一日の半分は酔っぱらっていたとしても、英国はこの時期、最良の首相を得た」と語ったが、チャーチルは訪米時、酒を飲みまくるのでホワイトハウスのスタッフは給仕が大変だった。朝食にシェリー酒二杯、昼食時はウイスキー二杯、夕食にはワインと食後にはブランデーを用意するように指示されたというから、確かに気が休まらない。

ローズベルトはカクテル作りを好んだが、チャーチルはカクテルが嫌いだった。グラス片手にトイレに行って水と入れ替えて飲んだ振りをしたというから、酒飲みはアルコールが入っていれば喜ぶわけではない。

酒の好みは違っても、ローズベルトと仲は良かったが、側近の米国国務次官はチャーチルを「三、四流の酔っ払い」と切り捨てた。果たして、どんな酔っ払いが一流なのだろうか。「面倒な酔っ払い」と「面倒でない酔っ払い」の二タイプしかいない気がするが。

チャーチルは飲んで正体不明にはならなかったが、酒にまつわる暴言は多い（酔った上での暴言でないのならば、それはただの暴言なのだが）。

有名な話がある。国会内を足元をふらつかせて歩いていると、ベテラン女性議員から「あなたはひどく酔っているわね」ととがめられる。チャーチルは「あなたは正しいよ。

そしてあなたはブサイクだ。しかし明日の朝になればどうだろうか。私はシラフになる。そして君はブサイクのままだ」とやり返した。なんともいけすかないが、それもそのはず。チャーチルが高慢で皮肉屋なのは、彼の生まれとも関係しているだろう。貴族社会全盛時の英国の名門貴族の出身なのだ。ヴィクトリア時代の申し子と自称していたのもあながち的外れではない。

チャーチルは妻に「普通の人の暮らしが全くわからない」と嘆いている。バスに乗ったことはなく、地下鉄に乗ったら出口がわからなくて助けてもらったこともある。二一世紀になっても、「カップヌードルは四〇〇円くらい」と発言したアジアのどこかの国の首相もいたから、いつの時代もお偉い人とはそんなものなのかもしれない。

チャーチルがどれほどの生まれかを知れば、彼の世間知らずも納得するはずだ。先祖の屋敷は屋敷というより宮殿だった。オックスフォード郊外にあった敷地は二〇〇〇エーカー（一エーカーは四〇四七平方メートル、一二二四坪）を超えたといい、これは現在の東京都台東区より少し狭く、東京ドームに換算すると約一七〇個分の広さだ。とはいえ、当時の貴族の中には千葉県よりも広い土地を所有する者もいたというから、台東区くらいで驚いてはいけない。

左うちわの生活で悠々自適にも映るが、このような広大な土地はチャーチルには無縁だった。英国の上流階級は長子が総取りの世界。つまり、長男が爵位も土地も財産も全てを引き継ぐ。チャーチルの父親が三男であるため祖父が由緒ある貴族で広大な土地を持っていたところで、三男坊のそのまた息子となれば自力で人生を切りひらかなければいけない。実際、チャーチルの父親が死んだとき、財産はほとんどなかった。死の数年前に購入した鉱山の権利が高騰したおかげで、借金を返すのが精一杯だった。

ちなみに、チャーチルの父親も政治家で、チャーチルは父の背中を見て育った。その父には一度だけ怒られたことがあるという。父親をびっくりさせようと、庭にウサギがあらわれたから鉄砲をぶっぱなしたら大変怒られたとか。誰でも怒るだろう。

さて、チャーチルに祖父の資産の相続権がなかろうが、上流の生まれに変わりはない。パブリックスクールに通い、オックスフォードやケンブリッジに進学して、医者や弁護士、大学教授など専門職に就くのが、当時の上流階級の子女の一般的な進路だった。だが、勉強が苦手なチャーチルはそのルートに乗ることができず、士官学校に進学して軍人への道を歩み出す。士官学校を目指す生徒はパブリックスクールでは勉強ができないやつとみなされたが、チャーチルはその「落ちこぼれ路線」の士官学校の試験にも二回落ちる。予備校に行って、何とか試験をクリアして騎兵科に入学する。これも本来は歩兵科に入学したかったのだが、試験の成績が悪く、進めなかった。どこまでも劣等生だったのだ。

当時の上級公務員の給料は雀の涙程度。生活は自分の資産頼りだったが、前述の通り、チャーチルの実家はすでに火の車。軍人になったものの生活を維持するのも難しい。おまけに、軍人になってみたが、戦争自体が以前ほど多発していなかった。早くも、「軍人は一生の仕事にあらず、いずれは父親みたいに議員に」と思い始める。

劣等生の自分がどうすれば政治家になれるか。そこで考えたのが、戦場で武功をあげることだった。手柄を立てて目立てば箔が付く。

彼は英国が戦争で顔を突っ込みそうな場所を見つけるや、自ら転任希望を出して赴任するようになる。

キューバ、インドと転任するが、転任するや、文字通り弾丸が飛び交う激戦地に好んで顔を出した。その体験を記事として、英国の新聞社に定期的に送り、名を上げようとした。これは原稿料を稼ぐことにもなり、一挙両得だったが、わが身を危険にさらしても名声を上げようとする行為がさすがに問題になり、現場を外される。

もちろん、タダでは転ばない。生死をかけた戦闘を書いているからつまらないわけがない。戦地から送った記事を書籍にまとめて、刊行したところ、これがウケにウケ、軍人としての年収二年分を手に入れる。その後も、本を書き続け、狙い通り高名を得る。時の首相であった第三代ソールズベリー侯爵が「公式の報告書よりもチャーチルの著作がはるかに役に立つ」と絶賛したほどだ。それでも、作家に転身するわけではなく、戦争の匂いを感じると戦地に赴こうと工作し続けた。

で、酒の話である。戦地で危険地帯に顔を突っ込むくらいだから強行軍も気にしない。灼熱の中、一日、五〇キロ移動することもあった。

インド時代も名を上げるべく、前線に向かう許可を得るためだけに何十キロも歩いた。炎天下の中、歩いていれば、暑い。暑い、何か飲み物はないかと当然なる。そこでウイスキーを飲む習慣ができた。後年に一日中、水割りをなめまくるのもインドの地獄の行軍があったからなのだ。

じつは私はこれまでウイスキーが飲めなかった。(中略)この煙い味のするウイスキーは、今まで一度も口にすることができなかった。ところがこの炎暑のものすごさ、肉体的には凌ぐことができたが、まる五日間、飲料とてはお茶の他には何もなく、ただなまぬるいお湯とライム果汁入りの微温湯か、ウイスキーに微温湯を交ぜて飲むかである。この二者その一を択ぶとなるや、私はより大きいコクのあるほうを選んだ。まったく自分の士気振興という立場からやったので、自分を実戦に適応させるため、日常の肉体的弱点を克服したというべきだ。そして五日目の終わりにはウイスキー嫌悪性を完全に克服してしまった。またこれはこのとき限りの習得ではなかった。それどころか、私は、当時獲得した地歩を堅守して、一生頑張っている（『わが半生』）

ウイスキーの克服を一生頑張る必要があるとは思えないが、灼熱地獄下での選択がチャーチルの人生を変え、酒の嗜好を形作ったのは間違いない。

チャーチルはこの後、二五歳の時に陸軍を退官し、二度選挙に立候補するものの落選。新聞社の特派員として、南アフリカへボーア戦争の取材に軍務で派遣されるが、ワイン三〇本、スコッチウイスキー一八瓶、ブランデー六瓶を戦線に持参した。取材に行くのか、酒を飲みに行くのか。体育会系の夏合宿さながらである。

南アフリカでは敵に捕えられ、命からがら脱走するが、これも記事にしてしまうことでチャーチルは名を上げる。記事をまとめた本も売れに売れ、翌年の選挙で当選し、念願の政界進出を果たす。本が売れたことで、講演依頼もあとをたたず、一万ポンドの大金を手にしたとも言われている。当時の一ポンドは今の日本の貨幣価値に換算すると七万円前後なので、七億円となってしまうが、本当だろうか。

チャーチルはとにかくエネルギーにあふれていた。酒をガソリンにして動きまくった。

常に自分で全てをやりたがり、アイデアマンでもあった。ローズベルトには「一〇〇個考えてもまともなのは四個程度」と揶揄されたが、しゃべりが止まることがなかった。しゃべっているうちに横道に逸れまくり、何をテーマにしていたか自分でわからなくなっても、それでもしゃべった。「文書になっていない指示は有効としない」と自ら決めているにもかかわらず、関係ないことをしゃべりまくった。ローズベルトはチャーチルに会った後の何日かは一〇時間以上寝ないと体力が回復しなかったということからもチャーチルのタフネスぶりがわかる。

遅咲きの男でもあった。首相になったのは六五歳。議員になってから順調にステップアップしていたものの、第一次世界大戦が大きな躓きになった。初代海軍長官に任命され、ガリポリ半島西海岸に英仏連合軍で奇襲上陸し、ダーダネルス海峡を制しようとしたが、トルコ軍に抗戦され、最終的に全面撤退を余儀なくされる。チャーチルは解任され、政治人生の大きな汚点となる。政治の世界での第一線への復帰は、第二次世界大戦が勃発する一九三〇年代終わりまで待たなければいけなかった。

ちなみに英仏連合軍に抗戦したトルコ軍のリーダーは前述したがムスタファ・ケマルである。酒飲みは酒飲みの思考を知るのかもしれない。

第三章　酔いっぷりも世界最強の米国大統領たち

フランクリン・ピアース――「酔う以外にやるべきことは何もない」と漏らしたイケメンの苦悩

米国史の中で大きな出来事のひとつといえば、一八六一年に勃発した南北戦争だ。合衆国が「南部」一一州と「北部」二三州とに分かれて、文字どおり国を二分して争った。南北戦争勃発時の大統領はあのエイブラハム・リンカーンだが、酒癖がひどいという意味では、南北戦争前後に大統領職にあった二人が挙げられる。フランクリン・ピアースとユリシーズ・グラントだ。

この二人はよくある「偉大な大統領のランキング」でも常にワースト5に入る。現代の視点をもってすれば、公私ともに酷かった大統領と言える。

悪名は無名に勝るとはいうが、「グラント将軍」として戦争史に名を残すグラントはまだしも、ピアースは、日本人にはほとんど馴染みがないだろう。

ピアースは一八〇四年にニューハンプシャー州で生まれているが、これが彼の最大のアピールポイントかもしれない。というのも、「一九世紀生まれ」「ニューハンプシャー生まれ」でいずれも初めての大統領というのが、ピアースの数少ないネガティブでない大統領史に残る記録だからだ。

弁護士になった後に政界に出て、下院、上院議員を務めるも妻がワシントンでの生活を嫌ったため、身を引く。その後、メキシコとの間に戦争（米墨戦争）が起きると従軍する。帰国時には英雄として迎えられ、一八五二年の大統領選挙に民主党候補として出馬する。これは完全なダークホースであった。

今も昔も、米国で大統領選本選に出るためには党の代表にならなければならない。代表になるには党大会で指名されて、党大会代議員の投票で選ばれる必要がある。現在は過半数の獲得が条件になっているが、当時は三分の二以上とハードルはさらに高かった。

人気がある現職の大統領が出馬する場合はすんなりと決まるが、候補者が乱立したり、圧倒的な本命が不在だったりすると時間がかかる。規定上、党大会代議員による投票の三分の二を獲得する候補者があらわれるまで、何回でも投票が繰り返される。実際、これがなかなか決まらない。「そうはいっても五、六回あれば決まるでしょ」と日本人は思ってしまうが、例えば一九二四年の民主党大会では、候補を選ぶまでに一〇三回も要している。

ピアースも民主党大会で四九回の投票で番狂わせの結果、選ばれた。最初の投票の時点ではピアースは全く有力な候補ではなく、三五回目の投票から突如担ぎ出され、指名された。

投票が何度も繰り返されると、あまりにも決まらないため、本命や対抗馬などを外して、下位候補者などを起用して投票するようになる。もはや何のための投票なのかよくわからない。ピアースは候補者指名が紛糾する中、あれよあれよという間に選ばれたのだ。

勢いに乗ったピアースは大統領選挙本番でもホイッグ党のウィンフィールド・スコットを破って、一八五二年に大統領に選ばれる。ウィンフィールド・スコットは、のちにジョージ・ワシントン以来となる名誉大将の称号を与えられた国民的英雄の軍人だ。米墨（アメリカ・メキシコ）戦争ではピアースの上官でもあった。

なぜ、ピアースがそんな英雄に勝てたかというと、いくつか要因はあるが、決定打となったのが容貌だ。イケメンだったのだ。「さすがにそれはないでしょ」と思われるかもしれないが、いつの時代もイケメンは人気であり、爽やかさは武器になる。日本でも若かりし頃にラグビーボールを抱えていた森田健作氏が、ついこの間まで知事だったではないか。その上、「見た目と知名度で選んで失敗しました」とはならず、森田氏は再選までしている。どこの国でもどこの時代もイケメンは人気があるが、政治はたいがいうまくない。だからといって、非イケメンが政治手腕に長けているわけでもないので、せめてイケメンを選んでいるのかもしれないが。

もちろん、ピアースはイケメン以外の勝因もあった。政治的に無色だったのだ。言葉を選ばなければ、あまり何も考えていなかった。これもまたイケメン政治家っぽい。

当時は奴隷制がすでに政治的焦点だった。民主党、ホイッグ党いずれも主張には大差がなく、「奴隷制維持」を打ち出していたが、対抗馬のウィンフィールドは「奴隷制反対」の立場を個人的に打ち出していた。そのため、支持が広がらなかったとの見方が支配的だ。

ピアースは奴隷制を巡っての南北対立に目をつぶったことで、大統領に選ばれた。だが、皮肉なことに目をつぶり続けたことで、アメリカ史上で五指に入る「ひどい大統領」の仲間入りをすることになる。

ピアースは選挙公約として、州の権利の尊重と外交の拡大を掲げた。これは聞こえはいいが、南北間の対立には首をつっこまず、国外に目を向ける姿勢にも映る。確かに、ピアース在任中には、現在のアリゾナ州とニューメキシコ州の土地を、メキシコ政府から買い取り、現在の米国の領土を完成させた。失敗に終わったが、スペイン領だったキューバを買収しようとするなど領土拡大に積極的だった。

ただ、国内政治では曖昧な姿勢が汚点を残してしまう。当時、南北の正面衝突はいくつかの協定で避けられていた。南北の奴隷制を巡る対立で一線を越えない状態を保っていたのが、ミズーリ協定だ。これは、北緯三六度三〇分以北における奴隷州の禁止を定めたものだ。

ところが、ピアースは、北緯三六度三〇分以北にある広大な地域にカンザス準州とネブラスカ準州を創設して、さらに州民に自由州か奴隷州になるかを決定させる法案に署名してしまう。当然、それまでの枠組みを無視した法律だけに、南北の均衡は崩れていく。この法案の背景には奴隷を使って北西部開発をたくらむ鉄道業者の思惑もあったが、ピアース自身は住民主権が正しいと信じていた節がある。

結局、一八五四年に成立したこの法案を後押しした行為が裏目に出る。二つの準州では奴隷制支持派と反対派の対立が鮮明化し、特にカンザス準州は制御不能になる。支持派が反対派のねじろとする地区でホテルに放火し、新聞社の印刷機を破壊したり、逆に反対派が支持派を斬り殺したりと血で血を洗う争いが続いた。

当然、世論も真っ二つに割れ、上院議員場では支持派が反対派の議員を杖でぶん殴るなど、統治能力が完全に失われた状態になった。

誰もが、ピアースの決断を期待した。ピアースは何をしたか。楽観論者でも優柔不断でもあったピアースは何もしなかった。カンザスに兵を送ることもなく、ただただ静観した。結局、南北戦争の引き金をひいたことでピアースは歴史にその名を残すことになってしまった。

ピアースは民主党にも見放され、一八五六年に二期目を狙う大統領選では公認から外される。これは選挙で選ばれた大統領が再選を望みながら指名を受けられなかった史上唯一の例だ。

ただでさえ、酒にまみれていたピアースはますます酒に溺れるようになる。候補から外れ、これから何をするかと聞かれた際に放った言葉はそれを予見していた。「酔う以外にやるべきことは何もない」。

ピアースはそれまでも私生活は決して順風満帆でなく、酒の助けが必要だった。米墨戦争時から酒まみれで「(メキシコとではなく)ボトルと戦った英雄」との揶揄もあった。

子どもが三人いたが、三人とも幼くして亡くしている。長男は生まれて二日後に、次男は、発疹チフスで四歳で亡くなり、三男もピアースが大統領に就任する二ヵ月前に家族旅行中の事故で亡くなった。この頃は、医療も現代ほど整備されておらず乳幼児の死亡率が高かったとはいえ、三人とも成人しないとなると不運としか言いようがない。

ピアース以上に気落ちしてしまったのが妻だ。もともとピアースの政界入りに賛成していなかったこともあり、三男の事故死の後に「これは天罰だ」と考えるに至る。神がピアースの政治的野心に不満を持っていて、その野心に対する罰として息子が殺されたのだと信じ込んでしまう。ピアースの大統領在任中、妻はファーストレディーとしての活動を拒否し、ホワイトハウスの私室にこもり、「ホワイトハウスの亡霊」と呼ばれながら、亡き息子を偲ぶ日々を送った。

子どもは全員亡くなり、妻に距離を置かれては、自然と飲酒量が増える。当時は「酒は薬」「酒は食べ物」の時代だったので、誰もがガブガブ飲んでいた時代ではあった。例えば、ピアースの次の大統領だったジェームズ・ブキャナンも飲み過ぎで痛風になったとされている。とは言え、ピアースはアルコール依存の大統領として後世で扱われて、実際に本書でも取り上げているだけに、周囲から見てもアルコールの摂取量が尋常ではなかった。

とんでもない逸話も残っている。

ピアースが酔って友人の家から帰る途中に馬車を運転して老女をひき殺したというのだ。警察はピアースを逮捕したが、彼の身元がわかり、慌てて釈放したというから穏やかではない。この話は、アメリカでは大統領に関する多くの本で繰り返されてきたが、どこの新聞記事にも一切記述がなく、さすがに創作話ではというのが現在では支配的だ。胸をなで下ろす人もいるかもしれないが、本当か否かが後世に議論になること自体が問題だろう。

酒浸りの生活だったからか、一八六〇年の大統領選で立候補を打診されたが、断っている。一八六三年に妻も亡くなると、酒にますます溺れるようになり、六九年に亡くなる。死因は重度の肝硬変。彼の生き様を物語っている。

ユリシーズ・グラント――「南北戦争の英雄」につきまとった「酒乱」の噂

ピアースが引き起こしたとも言える南北戦争だが、国内を分断した大戦争の英雄と言えば、のちに大統領になるユリシーズ・グラントだ。ユリシーズ・グラントと聞いてピンとこなくても、「グラント将軍」の呼び名に親しみを覚える人は少なくないだろう。

南北戦争には北軍の大佐として参戦し戦功を上げた。最終的には総司令官まで昇格し、諸作戦を指揮して、南軍のリー将軍を屈服させ、北軍を勝利に導く。

グラントはあらゆる戦いで、敵に降伏に際しての条件交渉を一切許さなかった。無条件降伏の要求を徹底したが、これは今でもアメリカ軍に受け継がれている思想だ。

その名声で共和党から大統領候補に担がれ、一八六九年に第一八代大統領に選出される。大統領退任後には世界周遊の旅に出て、最後には日本にも立ち寄っている。その際に、明治天皇とも会い、国政に助言する。

議会政治、通商貿易、外債、琉球問題などについて約二時間にわたって懇談。「もはや、清国など日本の敵ではない。自信を持て」のような意見も述べている。

明治天皇は各国の首脳と会ったが、後年、非常に感銘を受けた政治家としてグラントを挙げている。かなりの心酔ぶりであるが実際、国内で重要な問

ユリシーズ・グラント

題が起き、どう対応するか議論が紛糾すると「グラントはこういった。彼は〜」としばしば口にしたという。日本は欧米列強に追いつけ追い越せの時代でもあり、米国の政治家、それも元大統領から直々にもらったアドバイスの持つ意味は現代とは比べものにならないくらい大きかったと想像できる（米国の世界に占める存在感が今ほど大きくないとは言え）。

明治天皇だけでなく、岩倉具視など当時の政財界人もグラントを絶賛した記述は多く残っている。

当時、アメリカの元大統領が来日するとなり、大騒ぎだった。当然、国賓として招いたわけだが、東京では商工会議所の会頭の渋沢栄一が現場を仕切った。二〇二一年の大河ドラマ『青天を衝け』の主人公にもなった渋沢栄一だ。

渋沢はグラントが新橋駅に到着するや、駅頭で歓迎文を読み上げた。『父 渋沢栄一』（渋沢秀雄、実業之日本社）によると「明治十二年としては、思切ってモダーンな演出だった訳である」（原文ママ）とある。令和の感覚からすると、到着するやいなや文章を読み上げるセンスがわからないが、当時としては趣向を重ねたハイセンスなもてなしだったのである。同書には「国際社会に顔を出したばかりの日本は、ちょうど片田舎の旧家が古風な自邸へ東京の成功者を招待して、見よう見真似の都ぶりと、国自慢の鄙ぶりをナイマゼにしながら、一生懸命にもてなしたような騒ぎだったろう」ともある。

歓迎のイベントの目玉には明治天皇の上野公園臨幸が計画されていた。上野公園で流鏑馬《やぶさめ》や犬追物《いぬおうもの》など日本古武術の競技を天皇とグラントが一緒に観覧する予定を立てていた。ところが、来日時に運悪く、東京でコレラが流行り始めた。「天皇をそんなところに行かせられるか」と臨幸に反対する者も出てくる。一方、「それでは国賓に対して失礼だ」という意見や「アメリカとの国交を深める二度と無いチャンスではないか」と決行を強調する者も当然いる。でも、コレラは無視できない。板挟みになった渋沢栄一はどうしていいか判断がつかず、ノイローゼになったというから驚く。息子の目から見ても、後にも先にもどんな困難にも弱音を吐かなかったが、このときは精神的に参ってしまったらしい。

結局、困り果ててしまい、東京府（当時）知事で渋沢より二歳年上の楠本正隆に相談したところ「室外だし、コレラは大丈夫でしょ。勇気を出してください」と言われ、予定通り決行した。

グラントを日本が歓待したのは南北戦争の英雄であり、アメリカの元大統領だったからだが、二ヵ月の日本滞在の間、グラントに会う人皆が、彼の人柄を絶賛した。「おれがグラント将軍だぞ」という傲慢さはみじんも感じさせず、素朴で謙虚な姿勢が好感を持たれた。当時、日本人はアジアの小国だった日本を訪れる外国人の傲慢な態度に手を焼いていたため、親しみ深い態度にすっかり魅せられた。

例えば、日光東照宮を訪れたときだ。

玄関口に位置する大谷川に架かる木造の橋「神橋」を渡るように案内係がすすめたところ、グラントは辞退した。「神橋は皇族の方だけがお渡りになるときいている。私たちは遠慮すべきだ」と答えたという。

神橋は一九七三年から一般公開されているが、当時は神聖な橋として、神事や天皇の使いなどをのぞき、一般の利用は許されていなかった。グラントはそれを知っていたのだ。直前に誰かが教えたのだろうが、相手の国の文化を理解し、とけこもうとする姿勢が日本人の敬愛を集めた。

少し前置きが長くなったが、グラントが南北戦争の英雄としてだけでなく、異国の人にも尊敬されていたことがわかるエピソードだ。政治家の鏡のような存在に映るかもしれない。どう考えても完璧ではないか。だが、自国では政治家としての評判はめちゃくちゃ悪い。

ハーバード大学歴史学教授のアーサー・シュレジンガー教授が、一九四八年と六二年に歴史学者や政治学者などを対象に実施したアメリカ歴代大統領の格付け調査では、第一回が二九人中二八位、第二回が三一人中三〇位で「失格」の烙印を押されている（いずれも最下位は後述するハーディング。上位三位もリンカーン、ワシントン、フランクリン・ローズベルトで変わらず）。二一世紀に入ってからのシエナ大学の調査でも四三人中三五位と、下から数えた方が早い。

グラントはおそらく近くにいればいいやつだ。家族や友人としては最高だろう。だが、相手に敬意を示して思いやることが、必ずしも政治家としてプラスに働くとは限らないことを、彼の政治家人生は物語っている。

確かにその姿勢は軍人としてはプラスだったかもしれない。南北戦争でリー将軍が降伏したときに、賓客のように手厚く迎え、労をねぎらったことはグラントの評価を高めた。だが、性格が良いのかお人好しなのか、政治家になっても、誰彼かまわず、信用して手厚く対応するため、取り巻きに利用されてしまい、腐敗が蔓延した。

例えば、クレディ・モビリエ事件では、副大統領や下院議員が収賄罪で捕まった。これは、ユニオン・パシフィックの経営者が同社の子会社株を副大統領たちに贈賄した事件だ。また、ウイスキー会社が税金を逃れるために脱税した金の一部を、グラントの秘書たちに貫流させた事件も起きている。おまけにグラントは、秘書が起訴されると大統領恩赦で無罪放免にしてしまった。他にも財務長官やグラントの義弟が絡む汚職事件もあり、あきれるほどの腐敗ぶりだった。

ニワトリが先か卵が先かの話になるが、悪評が一度流れると止まらなくなる。「そういえば、あいつは軍人の頃から素行が悪かった」という話が後を絶たなくなる。そして、グラントを語るときにつきまとったのが酒癖の悪さだ。

グラントは陸軍士官学校出身の初めての大統領だった。バリバリの軍人だったが、実は南北戦争前に軍を離れていた。これも酒が原因だ。

繰り返しになるが、当時は、アルコールの消費は日常生活の一部として受け入れられていた。栄養価が高く、消化を刺激し、神経をリラックスさせると信じられていた。軍隊の遅刻の罰金にワインを一本差し出すということもあったというから、酒との距離感がわかる。

ところが、酒が日常の風景だった当時の感覚からしても、グラントは道を踏み外していた。若い頃は、ほどほどの飲酒に抑えられていたが、転勤で家族と離れて暮らす生活を強いられると、寂しさを紛らわせるため、酒浸りになる。忙しいと飲まないけど、暇だと酒を飲む。いつの時代も、人間、暇だとろくなことをしない。

飲み過ぎることによっていろいろな困難に直面し始める。不幸なことに、グラントはそこまで酒に強くなかった。数杯飲むだけで明らかに酒の影響が見られた。にもかかわらず、どのような席でもグビグビ飲んだ。明らかに立場が上の将校の前でもグビグビ飲んで、グデングデンになるので、「あいつヤバくないか」と陸軍内で評判が広まるのに時間を要さなかった。

グラントは、一八五三年九月、カリフォルニア州ハンボルト砦に移され、第四歩兵連隊の隊長になる。このとき事件が起きる。

上司は陸軍士官学校を出て入隊したときの先輩だった。若い頃から、そりがあわず、罰としてワインを何本も取り上げられたこともある。この上司はこのときも「グラントは酔っ払いだ。とんでもないやつだ」と喧伝する。

実際、グラントはあまりにも暇だったため、上司の目を盗んで、酒を提供する場所を見つけては、そこで多くの時間を過ごしていた。

上司に悪評を立てられたことで惨めになったグラントは軍を辞めようかと考え始める。ある日、前日に大酒を食らい二日酔いの状態で出勤すると、上司に見つかってしまい「辞表を書いていつでも出せるようにしとけ」と激怒される。ちょっと厳しい気もするが、グラントもこれで反省すればいいものを、生活は改まらない。最終的に「辞表を出せ、出さなければ勤務中に酔っ払っていたことで軍法会議にかけるぞ」と迫られ、一八五四年七月に一五年勤めた軍を去る。酒で軍を辞めたのは紛れもない事実だが、このことがしばらくグラントを苦しめる。

退役したグラントは農業などに従事するがうまくいかず、一八六一年に南北戦争が勃発すると、従軍しようとした。しかし「酔っ払いのヤバイやつ」のレッテルを貼られているので、誰もがいい顔をしない。ボランティアで自分で募兵するなどして、なんとか第二一イリノイ歩兵連隊の大佐に任命される。その後は軍功をあげ、トントン拍子に昇格するが、当然、嫉妬を買う。グラントの成功をやっかむ人たちは多かったので、「あいつは何もせずに酒ばかり飲んでいる」という中傷も止まらなかった。連戦連勝でも言われたい放題だったため、少しでも落ち度があればすぐにでもクビは飛ぶ。男の嫉妬は怖い。

南北戦争の中でも、そしてそれまでのアメリカの歴史を通じても、最も多くの死者を出したシャイロの戦い（北軍南軍それぞれ一万人以上）ではグラントの責任を問う声も少なくなかった。南軍の突然の反撃にあったこともあり、「グラントが酔っ払って不意を突かれたのでは」という噂が広まった。

何かあれば全て酒のせいにされた。馬が転倒しただけでも、「グラントが酔っていたからだ」などと難癖をつけられる始末。なんだか可哀想な気もするが、グラントは全く泥酔していないかというと、泥酔していたこともあるのだから自業自得な面もある。

例えば、戦いが長期戦になると、テントの中でグビグビとウイスキーを飲んでいた。「たまにはそういうこともあるでしょ」と擁護したくなるが、部下には樽を決して空にしないように命じていたというから、酒との臨戦態勢も万全だ。

川に視察に行けば、短時間で船のバールームに何度も足を運び、気付けば、話し方がバカになり、歩き方がよろめくこともあった。視察に来たのか飲みに来たのかわからない。

こうした事実に尾ひれがつき、当時の大統領であるリンカーンのもとには虚実まざりあったグラントの酒にまつわる話がいくつも届く。だが、グラントは勝利のためには自軍の被害をいとわず突き進み、「屠殺人」と批判を浴びながらも結果を残し続けた。リンカーンは噂を気にせず、グラントの姿勢を高く評価し、最終的には最高司令官に引き上げる。

現代ならば、グラントはアルコール依存症一歩手前の状態だろう。暇だとついついボトルに手が伸びて離せなくなる。だが、やるべきことがあれば、飲みすぎることはない。業務に影響はない。それでも、大酒飲みのどうしようもないやつとみられてしまうのは、一度貼られたレッテルを剝がすのはアメリカとはいえ一筋縄ではいかないということだ。

余談だが、グラントは酒だけでなく、ヘビースモーカーだった。一日二〇本は吸っていたため、一八八四年春、喉に痛みを覚える。徐々に声が出なくなり、痛みなしにしゃべることも食べることもできなくなる。最後は会話ができなくなり、筆談で通すようになる。一八八五年七月二三日、喉頭ガンで死亡する。

死ぬ間際まで書き続けた自伝が、死後に刊行されると大ベストセラーになり、退任後の事業で抱えた借金を完済する。アメリカの大統領は退任すると自伝を出すのが今やお決まりになっているが、その走りになったのがグラントだった。

ウォレン・ガメイリアル・ハーディング――「ギャングと酒盛り」がお好きな歴代ワースト大統領

一九二〇年一月一七日、アメリカで愛飲家たちにとって悪夢のような法律が施行された。禁酒法だ。英国の首相であるチャーチルが「人類に対する侮辱」と語った奇妙な法律だ。

禁酒法と聞くと、表立って酒が飲めないため、ギャングたちが酒をつくり、路地裏の会員制のバーで人目を盗むように酒を楽しんだ光景を想像するかもしれないが、実態は全く異なった。

みんな、普通に飲んでいたのだ。

「それでは禁酒ではないだろ」と指摘されそうだが、その通り。禁酒法はザル法だったのだ。突っ込みどころが満載で、どこから突っ込んでいいのかわからない。ザルどころの話ではない、編み目がないザルだ。

まず、所持や飲酒は実は禁じられていない。あくまでも製造、販売、輸送を禁じただけであった。だから、家で飲めば問題なかったし、自宅でなくても会員制のクラブや宗教団体の施設では、わいわいと飲むのも可能だった。

もちろん販売は、法が施行されると禁止されるので、人々は施行前にある行為に走った。

買いだめだ。施行の数週間前からは酒屋に行列ができ、数年分を買いだめる者も少なくなかった。

とはいえ、製造が禁止されていてはいつか酒が尽きると思えるが、ここにも抜け道があった。農家では余った農作物でのワインなどの製造が、一年に七六〇リットルまで許された。一日に一リットル飲んで三六五リットルであるから、当然、横流しする者もいたし、違法と知りながら、密造する個人もあらわれた。

他にも抜け道があり、ガンや腹痛、ぜんそくなど二〇以上の症状に酒を投薬することが認められていたし、薬としても酒を手に入れられない酒好きには工業用アルコールが供給された。

工業用アルコールは「工業用」の三文字から想像できるように体に良いわけがない。日本でも戦中戦後に物資不足でメチルアルコールに手を出し、失明したり、命を落としたりした者も少なくなかったのは有名な話だ。アメリカが凄いのは工業用アルコールから異物を取り除く業者が存在し、産業として成立していた点だ。さすがベンチャースピリットあふれる国だ。それでも、禁酒法下で工業用アルコールを飲んだことで命を落とした者は約一万人との試算もある。

そのメチャクチャな時代を象徴するのが、禁酒法が施行された翌年に大統領に就任するウォレン・ガメイリアル・ハーディングだ。禁酒法に本人も乗り気でなかったため、施行前にたんまりと酒を買い込んで自宅からホワイトハウスに酒を運び込んだというから、政治は二の次で酒が大好きだったことがわかる。買い込んだ額は一八〇〇ドル分。現在の日本円に換算しても二七万円以上にもなる。ハーディングはアルコール依存症だったとの説もある。

酔いどれでも、禁酒法を施行しながら酒をこっそり買い込んでも、政治的手腕に長けていれば、問題ない気もするが、ハーディングはピアースやグラントと並び歴代最低の大統領の一人に数えられている。

一八六五年、オハイオ州で生まれる。生家に小金があったので、一九歳の頃に地元の新聞社を買収して社主になる。一九歳で買収とはどんな小僧だよと思うが、まさに、ろくな一九歳ではない。酒と博打が好きで、買収した会社で従業員から「給料を上げろ」とせがまれ賃上げしたが、社員に優しかったり、人格者だったりしたわけではない。ポーカーで昇給分のカネを従業員から巻き上げていたというから経営手腕があるのだかないのだか。地位が人をつくるとはいうが、そうでない場合もある。

とはいえ、地元の名士になったハーディングは苦労せずに政界に進出し、オハイオ州議会議員、同州副知事と出世階段を上る。トントン拍子で上院議員になり、大統領にまで推されるようになるが、その背景にはオハイオ州の共和党のドンだったハリー・ドハティーの強力な後押しがあった。

彼がなぜハーディングを強力に支援したかというと、ハーディングの頭脳やリーダーシップに光るものを感じたわけでは、当然ない。長身、イケメンで話術が巧みだったために、「これは使える」と値踏みしたからだ。「ひどい大統領の一人」として紹介したピアースも「イケメン」が大統領候補に担がれた大きな理由だったが、やはり、古今東西、人は見た目が九割なのだろうか。

ハーディングは大統領就任後に「中身が何もない」と批判されることになるが、本人自ら、「私は大統領に適していない。この職責を受け持ってはならなかった」と、のちに振り返っている。

ハーディングが共和党候補になった経緯も「中身のなさ」を物語っている。党大会で選ばれたのも、候補が絞りきれず、妥協候補として浮上したからに過ぎなかった。一〇回目の投票で指名され、本番の大統領選でも、民主党の理想主義に飽き飽きした民衆の支持を得て勝利した格好だ。

就任した経緯も経緯なので、大統領になってまともな政治は期待できない。アメリカには猟官制度があることはご存じの方も多いだろう。勝者総取りのシステムで、大統領になると公職を任命する権利を持つ。多かれ少なかれ、「お仲間」を任命する傾向にあるのだが、あまりにも度が過ぎる場合もある。

南北戦争の英雄だったグラントが「お仲間」に甘く、腐敗の温床となったことは紹介したが、近年の大統領で取り巻きを大量に迎え入れた例としては、ジミー・カーターやブッシュ・ジュニアなどが有名だ。

ハーディングも自らを大統領に推したドハティーを起用したのはもちろん、親戚やポーカー仲間に次々とポストを分け与えた。

ハーディングの取り巻きは「オハイオギャング」とも呼ばれたが、これは比喩ではなく、ハーディング政権は本当にギャングさながらの事件を巻き起こしたから、今となっては笑えない。不祥事、不正のオンパレードこそが、皮肉にも他の大統領を寄せ付けないハーディングが米国史に残した足跡といえる。ホワイトハウスでは週二回賭けポーカーが開かれ、禁酒法下なのに政府の倉庫から酒を持ち出し、売り払う者まであらわれた。ホワイトハウスなのかギャングのアジトなのか、行為だけでは判別できない。

当然、不祥事も相次ぐ。パトロンでブレーンのドハティーは、禁酒法違反者から賄賂を貰ったことを暴露された。在郷軍人会長のフォーブスは、軍の医薬品を勝手に売り払い私腹をこやしたことで逮捕された。

なかでも「ティーポット・ドーム事件」は、第二次世界大戦前では最大の疑獄事件と言われる。内務長官のアルバート・フォールが海軍の備蓄用石油を賄賂の見返りに競争入札抜きで売り払ってしまい、禁固一年罰金一〇万ドルの判決を受ける。この事件で閣僚経験者が刑務所に収監されることになる。

相次ぐ汚職の発覚でオハイオギャングの仲間に自殺者が出るなどして、さすがのハーディングも気落ちする。イケメンだけが売りだった政治家の悲劇である。酒浸りになってしまい、一九二三年八月、アラスカへの遊説の帰りに急死する。食中毒、心臓発作、脳梗塞など死因は諸説あるが、妻による毒殺説もささやかれた。さらなる不正発覚を恐れた妻が夫を殺したというのだ。ハーディングを取り巻く当時の苦境を物語るエピソードだ。死体解剖を妻が拒否したため真相は藪の中だが、ハーディングの死後、侍医もすぐに亡くなり、疑惑の目を向けられた妻も同年一一月に後を追うように亡くなっている。

テレビのサスペンスドラマさながら、というか、それ以上にスリリングな展開だが、驚いてはいけない。大統領夫妻、侍医にとどまらず、一〇人の関係者が短期間のうちに謎の死を遂げる。オハイオギャングは文字通りギャングと濃密な関係があったのだ。

ハーディングは晩年、「私が偉大な大統領の一人になることは自分でも望めないが、多分私は最も愛された大統領の一人として記憶に残るかもしれない」と取材記者に語っているが、残念ながら最も愛されない大統領になってしまった。

グラントもハーディングも人当たりが良く親しみやすい性格とされた。それが自分の側近を重用しすぎることになり、人事の失敗につながった。

情実人事はポストに就いた本人はもちろん、任命した者もこのように歴史に汚名を残すことになる。

リチャード・ニクソン――酒と核爆弾

一九六〇年代は世界が大きく変わった時期だ。アメリカ国内をみても、ピューリタニズムのモラルがほとんどなくなり、麻薬が蔓延し、ポルノも解禁状態になる。対外的にはベトナム戦争が象徴的なように、アメリカの世界での地位が下がり出す。その一九六〇年代の最後に大統領に就いたのがリチャード・ニクソンだ。

ニクソンはジョン・F・ケネディのライバルだった。年齢はニクソンが四つ上だが、いずれも一九四六年に下院に当選。上院の当選もニクソンが一九五〇年、ケネディが一九五二年とほぼ時期が重なる。そして、二人とも大統領にまで登り詰めながらも、任期途中に大統領の職を離れざるを得なかった点も似ている。ケネディは暗殺され、ニクソンは「ウォーターゲート事件」で米大統領では初めて任期半ばで辞任に追い込まれた。ちなみに、

リチャード・ニクソン

金満一家のケネディと違い、ニクソンは南部の雑貨商の息子だ。議員に当選する前は弁護士で、日本の三井物産とも関係が深かった。

ニクソンはウォーターゲート事件の印象が強く、ヒールとして描かれがちだが外交面の実績は大きい。泥沼化していたベトナム戦争からの撤退、冷戦下におけるソ連との緊張緩和（デタント）、中国への電撃訪問など歴史に残る決断を多く下した。

ただ、一歩、踏み込んで歴史の裏側をのぞいてみると、この決断は関係者の多くの涙ぐましい努力によって導かれたことがわかる。

彼はヘンリー・キッシンジャー大統領補佐官を筆頭に、有能な側近に囲まれていた。キッシンジャー氏は、ニクソンを本人の前では持ち上げまくったが、「ものすごい変人、実に不愉快な男」と評し、「狂人」「飲んだくれの友人」とまでこき下ろしている。

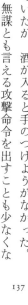

ニクソンもキッシンジャー氏を「サイコパス」と軽蔑していた。だが、覇権国家を目指すという理念だけは共有していた。

ニクソンはシラフの時から「狂人」ぶりをいかんなく発揮していたが、酒が入ると手のつけようがなかった。泥酔し、無謀とも言える攻撃命令を出すことも少なくなかった。

例えば一九六九年四月、ニクソンは核の使用命令を出している。北朝鮮が米電子偵察機を撃墜し米兵三一人が死亡したことを受け、軍制服組トップの統合参謀本部議長に北朝鮮への核爆弾投下を命じたとされている。

しかし、キッシンジャー氏が、大統領が酒に酔っていることを統合参謀本部議長に連絡し、「明日の朝まで待て」と作戦実施を覆すように要請して悲劇は回避された。

ニクソンは核をすぐに使いたがった。ベトナム戦争の旗色が悪くなった時期は、その姿勢が顕著になった。一九七二年に二期目の選挙を控えていたこともあり、大統領選の敗北を避けたいニクソンは核爆弾を使うことに躊躇いを見せなかった。「サイコパス」キッシンジャーですらニクソンの指示には困惑した。


「……発電所も港湾も攻撃しないと……そうだ、堤防も忘れてはいけない。みんな溺れるだろうか」とニクソンに訊ねられたキッシンジャーが「二万人くらいでしょうね」と答えると、「違うったら違う……核爆弾を使うんだよ」と説明された。「それはやりすぎじゃないでしょうか」とキッシンジャーがためらいがちに切り出すと、「核爆弾が心配なのか？　ヘンリー、頼むからもっとデカく考えて欲しいな」と言い返されてしまった。

（『オリバー・ストーンが語るもうひとつのアメリカ史2――ケネディと世界存亡の危機』）

核兵器を使うことがデカいことなのかはわからないが、この過激さがニクソン自身を追い詰めることになる。ウォーターゲート事件も、結局はニクソンが核兵器を切り札に北ベトナムを黙らせようとしたことがきっかけになった。その事実を裏付ける文書の公表を恐れ、犯罪行為に手を染めてしまったのだ。

実際に実行してしまった計画もある。一九七〇年四月にアメリカ軍と南ベトナム軍がカンボジアへの侵攻を始めるが、ニクソンは酒をあおって大好きな映画『パットン大戦車軍団』を見て、気持ちを高揚させてゴーサインを出した。冗談のような話だが本当である。酒と映画で興奮おさまらないニクソンは翌朝、ペンタゴンにいくと、抗議運動をする学生たちを「キャンパスを吹き飛ばしてやれ」と罵り、その後の統合参謀本部の関係者との会議では、意味不明の言葉をまくし立て、最後は「みんなまとめて地獄行きだ」と締めくくった。内輪の会議とはいえ、キッシンジャー氏を始めとして、居合わせた人たちは唖然としたのはいうまでもない。

カンボジア侵攻は国内でも反対の声が上がり、デモ隊と警察の衝突も起きる。国外からも違法性を問う声があがったが、ニクソンは「大統領が実行すれば何ら問題がない」と一蹴した。めちゃくちゃである。

ウォーターゲート事件がすでに明るみに出ていた一九七三年一〇月一一日の夜には英国のエドワード・ヒース首相がホワイトハウスに電話をかけてきた。数日前に勃発した第四次中東戦争について意見交換するためだ。

ところが、ニクソンは泥酔しており、電話に出られない。ホワイトハウスのスタッフは慌て、大統領は今忙しいから、明日の朝、電話するように伝えた。

弾劾審議で追い詰められて辞職する五ヵ月前には酒浸りになり、精神状態が混乱していた。一九七四年三月、すでに米下院が弾劾を進めることを決めた頃、国務長官と大統領補佐官を兼任していたキッシンジャー氏がアレクサンダー・ヘイグ大統領補佐官に架電し、大統領の体調懸念を伝えた。するとヘイグは「大統領から「フットボール」をとってくるように言われた。議会に落としてやると息巻いている」と答え、キッシンジャー氏はニクソンの発言が冗談とはいえ、精神状態のあまりの不安定さに驚いたという。フットボールとは核兵器の発射ボタンを収めているブリーフケースだ。

これまた軽口を叩いただけのように映るが、周囲はこれまでの経緯からして何をしでかすかわからないという疑念を捨てきれなかった。

一九七四年八月九日。辞意を表明したニクソンは、ホワイトハウスの庭園に待機中だった大統領専用ヘリコプターのタラップをのぼった。カリフォルニアの自宅に帰るためだ。見送りに来た約三〇〇人のホワイトハウスの職員、閣僚に向かって両腕を高く上げて勝利の「V」の字を描いて見せた。大統領職終了まで残りわずか二時間。タラップにのぼる姿を見守りながら関係者はようやく胸をなでおろした。ニクソン大統領の後ろに「フットボールを持った将校」が見えなかったからだ。それでもジェームズ・ロドニー・シュレジンジャー国防長官は主要指揮官に「もしニクソン大統領が核発射を命令すれば、私か国務長官（キッシンジャー氏）に必ず確認しなさい」と気を緩めなかったというから、ニクソンがいかに酒浸りで危険な状態だったかが理解できる。

余談だが、ニクソンの大統領選の勝利で酒による失態を犯した歴史上の人物がいる。ビートルズのジョン・レノンだ。渡米直後から関わったベトナム反戦運動がニクソン勝利という「挫折」に終わった夜、仲間の家で泥酔。その場にいた女性と体を交えてしまい、現場にいたオノ・ヨーコに土下座したという。その後、ジョンはヨーコと別れて西海岸に移り、酒浸りとなる。ニクソンが大統領選に敗れれば、ジョンには違う人生が待っていたのかもしれない。

ケネディ一族——「華麗なる一族は酒まみれ」

アメリカで最も有名なファミリーと言っても過言ではないのがケネディ家だ。ケネディ家ほど多数の政治家や高官を輩出した例は他にない。時に〝アメリカン・ロイヤルファミリー〟とも称される由縁だ。

ジョンが第三五代大統領であることは広く知られているが男兄弟の四人のうち、早世した長兄を除くと残りの二人も有力大統領候補になっているから恐れ入る。

そして、華麗なる一族を作り上げたのが、目的のためには手段を選ばない兄弟達の父ジョセフだ。

ジョセフの経歴は華やかだ。ハーバード大学を出て、銀行業に従事。株取引を通じて財産を築き、造船業や不動産業にも手を広げた。経歴だけを眺めるとやり手の実業家といった印象だが、ばく大な富を得る契機となったのは禁酒法だ。

社会が大きく変われればそこに商機を見いだす者がいるのが世の常だ。禁酒法下でアル・カポネに代表されるギャングが跋扈したのは広く知られるが、この時期に商才を発揮して、のちのビジネスの基盤をつくった実業家は少なくない。

例えば、高級ウイスキー「シーバス・リーガル」の販売会社であるシーグラムの経営者だったサミュエル・ブロンフマン。ブロンフマンは禁酒法下、「逆輸出」で大もうけした。

禁酒法が施行され、米国の酒造メーカーの倉庫には大量の在庫が積み上がっていた。多くのメーカーはこれを隣国のカナダで処分しようとしたが、ブロンフマンはそれに目を付けた。大量に買い上げ、それを水で薄めて量を増やして、再びアメリカに送り返した。シーグラムは今では売却された（ブランドは仏酒造メーカーが継承）が、一時期は世界最大の酒造メーカーだった。その原資をつくったのが禁酒法時代だったのだ。

ジョセフも酒の密輸でぼろ儲けし、禁酒法が解かれると、今度は堂々とスコッチの輸入をとりまとめ、一気に市場を手に入れる。その後は映画産業にも進出。わずか一代で米国有数の億万長者にのしあがる。ちなみに、息子のジョンはマリリン・モンローと男女の仲にあったが、ジョセフも当時の大女優グロリア・スワンソンを愛人にしていた。英雄は色を好むのかは知らないが、親子の血は争えないということか。

成功者は異なるフィールドでの成功も夢見る。ジョセフは次第に政治への野望を隠さないようになる。大統領になる夢にとりつかれ、その足がかりとして、フランクリン・ローズベルトへの選挙資金の援助の見返りに英国大使に任命される。英国大使となったが当然、外交の経験はない。「歴史や政治の知識もない金持ち」と陰口をたたかれたのは容易に想像できるだろう。ハーバードは出ていたが、これも実はカネで入ったようなものだった。

英国大使は本人にとっては大統領への橋頭堡になるはずだったが、親ナチス的な発言を繰り返し、政界で煙たがられるようになる。ところが、当の本人はどこ吹く風で反ユダヤ主義を全く隠さないどころかエスカレートさせる一方だった。飛行機乗りのチャールズ・リンドバーグと仲が良かったが、リンドバーグはナチス政権のナンバー2だったヘルマン・ゲーリングから勲章を貰うなど、親ナチスだった。

戦後になると、大統領の芽がつまれたのを自覚したジョセフは自分の夢を息子たちに託す。財産はある。女性にもモテる。足りないのは世界がひれ伏す権力だ。

「ケネディ家に二番は要らない。一番になれ」と我が国の某女性議員が聞いたら卒倒しそうな台詞を吐き続け、息子たちを厳しく育て、その夢を実現させる。大統領になれと言われて、次男のジョンが実現してしまうのだから、凄いの一語に尽きる。

だが、ジョセフにとっては、ジョンが大統領に就いた時が人生の頂点だった。ジョセフの夢は急速にしぼむ。一九六三年にジョンは暗殺され、三男のロバートも一九六八年に大統領の最有力候補として予備選の遊説中に凶弾に倒れる。残された末弟のエドワードは「期待の星」になるが、エドワードにとっては、たまったものではない。長兄は戦時中、従軍中に不慮の死を遂げ、次兄と三兄は暗殺されている。誰がどう考えても「自分も殺される」と考えてしまう。エドワードは次第に酒に頼るようになる。

その結果としての悲劇が、一九六九年に起きた「チャパキディック事件」だ。これはマサチューセッツ州のチャパキディック島で起きた飲酒運転疑惑事故だ。

エドワードは、前年に暗殺された兄ロバートの大統領選挙スタッフであった女性とパーティー会場を抜け出す。海岸沿いをドライブしていたが、運転中に転落してしまう。エドワードは助かるが、女性は死亡。単なる転落事故ならば、警察をすぐに呼べばいいものを、通報したのは一〇時間後だったため、疑惑が疑惑を呼ぶ。「酒が抜けるのを待って連絡した」「酒のみならず、薬物使用がバレるのを避けるため」「不倫があからさまになるのを防ぎたかった」などなど、理由については諸説あるが、エドワードは批判の集中砲火を受ける。実際、パーティー会場にはエドワードの運転手もいて、まともな理由で中座するのならば、自ら運転する必要はなかった。

この事件が決定打となり、エドワードは出馬が有力視されていた一九七二年の大統領選挙を断念し、一九八〇年の大統領選では民主党の予備選で敗退することになる。

エドワードは大統領の道が潰えて以降、リベラル派の重鎮としてマイノリティの地位向上に尽くす。黒人初の大統領であるオバマ政権誕生の土壌を整えたと評価する向きもある。

ただ、華麗なる一族から悲劇の一族への転落はその後も止まらなかった。暗殺されたロバートの次男は一九八四年に薬物の過剰摂取で死亡、三男も一九九七年にスキー場で滑走中に事故死している。ジョンの長男で後継者として期待されたジョン・ジュニアも、一九九九年に自家用機で墜落死している。あまりの悲劇に、ジョセフの禁酒法時代の密売におけるマフィアとのつながりを指摘する声は今も少なくない。ケネディ家は酒が一族の隆盛を支え、そして、酒によって一族の希望が潰えたといったら言い過ぎだろうか。

第四章　誰もが飲まなくなった同世代のトップたち

菅義偉――欲しがりません、飽きません

新元号「令和」を菅義偉官房長官（当時）が発表した際の人気バンド「RADWIMPS」の野田洋次郎氏のTwitterが話題を呼んだのを覚えている人も少なくないだろう。

菅さんは俺の中学、高校時代の友達のお父さん。菅の家に泊まりに行くとお父さんが帰ってきてあれこれ酔っぱらいながら話をしてくれた。少し目が怖いけど優しい人だった

おお、野田洋次郎と時の官房長官が知り合いだったのかと驚いたが、菅氏を知る人は首をかしげたはずだ。

菅はからっきしの下戸で名刺の裏にかつて「アルコール：全然ダメ」、「好きな食べ物：甘いもの・めん類」と記したこともある。のちに菅氏自身が文春オンラインのインタビューで「私、子どもたちが集まっていると、『おいっ！　ちゃんと勉強してるか』とか言いながら肩を組んで、必ず会話の中に入っていくわけです。うちの子が『だめだ、だめだ』と言うんですけど。真面目な話は全然していない（笑）。だから酔っぱらって見えたのか

もしれないな」と振り返っている。

下戸が甘党であることはよくある。菅氏も首相就任当初、「三〇〇〇円のパンケーキ」を食べている姿が批判されたが、三〇〇〇円を握りしめて酒を飲みにいってどれくらい飲めるかと考えれば、一国の宰相にそれくらいの自由を許してもいいだろう。

めん類が好きというのは、素早く食べられるからという理由だ。食事にあまりこだわりがないのは、毎日の「首相動静」からもうかがえる。

首相動静は首相がその日にいつどこで誰に会ったかが記されている。菅首相が二〇二〇年九月一六日に就任して以降一ヵ月（正確には一〇月一三日まで）の動静を調べると、食事や会食が決められた場所で行われているケースが多い。

最も多いのが、赤坂のザ・キャピトル東急のダイニング「ＯＲＩＧＡＭＩ」。終日利用できることもあり、朝食がてらの会食や昼食、夕食を問わずに利用している。その回数は一四回。一日に一回の利用として単純計算すると二日に一度は訪れている計算になる。赤坂の議員宿舎から近いとはいえ、同日の昼夜に行くこともあれば、朝に食事して夜の会食の後に秘書官と再度訪れることもある。ちなみに食べログの☆は三・五五だ（二〇二一年一〇月五日時点）。

その次によく利用しているのが、ホテルオークラのダイニング「オーキッド」で九回。

三日に一度は行っている。そして、「オーキッド」に続くのが中華料理の「星ヶ岡」。こちらもザ・キャピトル東急ホテルにある。ちなみに菅氏はフィットネスクラブも同ホテルで、散髪も同ホテル内の「カージュラジャティアド」が行きつけだった。

「一国の首相は忙しいんだから、効率的に食事を済ませたいんでしょ」とも思ったが、近年の歴代総理を調べてみるとそうは言い切れない。

例えば第二次安倍政権時に、安倍晋三首相はORIGAMIをよく使っていたが、就任四年の段階で四〇回の利用だ。菅氏の一ヵ月に一四回がいかに多いかがわかるだろう。第二次安倍政権が発足した二〇一二年一二月二七日からの一ヵ月では一回しか利用していない。安倍氏の場合、就任一ヵ月の期間が年末年始をはさんでいたことや数日の外遊もあったとはいえ、会食に同じ店を使うことはなかった。コロナ禍の二〇二〇年と二〇一二年を単純比較できないが、菅氏の嗜好がうかがえるだろう。

ちなみに「首相経験者の菅氏」と言えば、呼び名が違うが同じ漢字の菅《かん》直人氏がいる。二〇一〇年六月八日に発足した菅直人内閣の動静を見ると、就任直後はほとんど会食がセットされていない。地方回りの際に関係者や後援者と地元の店に行くことはあったが、首都圏近郊の名が登場するのは六月一九日、ホテルニューオータニの中国料理店「大観苑」、三〇日の赤坂のすし店「石」、七月四日の赤坂の焼肉店「叙々苑　游玄亭赤坂」といったところか。いずれも伸子夫人が同席している。どんだけ仲良しなんだと突っ込みたくなるのは私だけだろうか。

伸子夫人の著書『あなたが総理になって、いったい日本の何が変わるの』（幻冬舎新書）では夫の首相適性を疑いながらも、私もともに行くしかないと述べているが、こういうことだったのか。

最近の政治家は個性がないとか言われがちだが、政治家も人だ。政治家も会食ひとつでどこで食べるのかに色が出る。

安倍晋三――飲まなくても盛り上げる、「安倍ちゃん」の素顔

在任期間があまりにも長かったからだろうか。みんな忘れてしまっていたが、「安倍ちゃん」はまさに「政界のサラブレッド」だった。岸信介の孫、安倍晋太郎の息子という血統。大学には真っ赤なアルファロメオで通っていたという、わかりやすいお坊ちゃんだ。二〇〇六年九月に自民党の第二一代総裁に選ばれ、総裁の座を、戦後最年少で手中に収める。戦後生まれで初の首相になった。安倍ちゃんは下戸を自称して酒をほとんど飲まないが、祖父の岸信介も酒を飲む方ではなかった。

ちなみに「安倍ちゃん」の呼び名は、父親の安倍晋太郎から受け継いでる。晋太郎は最

安倍晋三（出典：首相官邸 HP）

初の「ちゃんづけ総裁候補」で、自民党総裁が「怖いオヤジ」から「気さくなおじさん」に変わろうとしている時代と重なる。その後、「いっちゃん」こと小沢一郎氏、「龍ちゃん」こと橋本龍太郎、そして小泉純一郎氏の「純ちゃん」と続く。

たまに、安倍晋三を揶揄して、「安倍ちゃん」と呼んでいた人がいたが、それは歴史を知らない愚かさを露呈しているに過ぎない。

安倍は大学卒業後に神戸製鋼に勤務し、その後、父の秘書になり、政界入りする。政治家としては日本の伝統の尊重を訴え、政権構想の柱にも憲法改正、教育改革を掲げた。第二次安倍政権は憲政史上最長の連続七年八ヵ月に及び、内政外交に大きな足跡を残した。退陣後も政界に大きな影響力を保持したが、二〇二二年、銃弾に倒れた。

政治家としてはタカ派のレッテルが張られていたが、キングメーカーであった森喜朗氏は「そういうきわどいテーマについては、総理になったら普通は口にしないものなんだけど、安倍くんはそんなことは全然意識していない」と述べ、「そんなことを言っても、何のプラスにもならないからねぇ。ただ、自分がスッキリするだけの話でしょう」とかたくな態度を語っていた。

安倍の政治思想やその死はこの本の主題ではないので横に置くが、人間としては柔軟性のあるエピソードが多い。マメで律儀との声は生前から少なくなかった。

「小学校時代の同級生が洋菓子店を新規出店した際には、幹事長だった安倍が頼みもしないのに駆けつけた」「飲まないのに、我々を焼き鳥屋に誘って、二次会、三次会にも付き合う。名前もよく覚えてくれる」との旧友や後援者の声もある。

「そんなものは政治家なんだから、表向きでしょ」との声も聞こえてきそうだが、マメさは昔から変わらない。

神戸製鋼時代の仕事仲間は「彼は絶対誘いを断らなかったから、みんなに可愛がられていた」と振り返っている。「安倍君は酒は全く飲まなかったから、仕事が終わると運転手代わりにして三〇分ほどで行けた姫路のホルモン焼き屋なんかに皆で出かけて、わあっと楽しく騒いでストレス解消したものだ。そんな席では、オヤジ（晋太郎）さんの失敗談を明かしたりして笑いを取っていた」との声もある。

良くも悪くも当時の上司や同僚は、安倍を全く普通の子と評している。大物議員の息子であることを鼻にかけることもなかった。父親の後を継ぐために退職する際の挨拶まわりで、「お父さんの鉄工所でも継ぐの」と言われたというエピソードからもそれはわかる。

朝の出勤も人より早く来て仕事を任せても大して失敗しない、そつなくこなす。

有名なエピソードがある。当時、安倍の上司は毎晩のようにガブ飲みしていた。仕事の付き合いもあり、止めるわけにはいかず、医者からは「それならば牛乳を飲んでからにしなさい」と勧められた。とはいえ、当時の神戸製鋼東京本社の売店は二階で、働いているフロアは六階だった。そこで、夕方になると毎日、上司は安倍に牛乳を買いに行かせた。嫌な顔一つせず、そのうちに自ら上司に駆け寄り、買いに走っていたという。

要領が良く、真面目で敵をつくらない。元上司は「専務とか役員クラスまでいけるかどうかはともかく、部長クラス以上にはなったんじゃないですか」と評価している。実際、上司が止めておけと忠告した案件を諦めずにこっそりとすすめ、翌年以降に大きなビジネスにつなげた実績もあったという。

安倍は神戸製鋼の新人時代にはニューヨーク駐在だった。退職後に父親の秘書官として外遊に同行した際は事務所に顔を出し、日本酒などのお土産を差し入れする気遣いもみせていた。

まじめで要領がよく、みんなに好かれるのは会社員としては非常に重要な要素だろう。政治家の手腕とどう結びついたのか、果たしてそれがプラスだったのかマイナスだったのかはわからないが。

アレクサンドル・ルカシェンコ――「欧州最後の独裁者」は酒飲みが大嫌い

新型コロナウイルスの感染拡大をいかに克服するか。感染が広がり始めた頃は、世界中でトンデモ説が唱えられていた。動物の排せつ物、ゆでたニンニク、数杯の食用酢などなど。効能が証明されていない民間療法を主張した人の中には、各国政府首脳の顔ぶれもあった。

例えば、ベネズエラのニコラス・マドゥロ大統領は、自分の家に伝わるジンジャーレモンティーがコロナに効くとTwitterでレシピを紹介した。ところが、Twitterは新型ウイルスのパンデミック（世界的大流行）に関する虚偽または誤解を招く情報を含むコンテンツを検閲していて、見事にひっかかり、削除されてしまう。激怒した大統領は国営テレビで声を荒げ「狂気の沙汰だ」と激怒したが、おそらく世界の大半の人からすれば「あなたの発言が狂気だよ」といったところだろう。

他にも、中国の習近平国家主席は、インフルエンザの治療に使われる漢方薬の効能を主張していた。米国のドナルド・トランプ米大統領は、コロナ治療薬としての効果が実証されていない抗マラリア薬ヒドロキシクロロキンの服用を勧めたことで、医療関係者から総スカンにあった。

なかでも、マドゥロ大統領以上に「おいおい、それはさすがにないだろ」と誰もが唖然としたのがベラルーシの大統領で、「欧州最後の独裁者」とも呼ばれるアレクサンドル・ルカシェンコ氏の説だろう。ロシアのウクライナ侵攻で、隣国の親ロシア派のボスとして日本のメディアでも取り上げられたので聞き覚えがある人もいるはずだ。

彼は新型コロナが猛威を振るい始めた二〇二〇年三月、「ウイルス退治にはウォッカだ」と言い出す。周辺各国が厳格な措置を取り出した頃、「酒を飲んでいればコロナは治る」と放言を繰り返した。結果、無策ぶりで感染拡大が止まらず、それから四ヵ月後の七月末時点で国内の感染者数は六万人を超え（国内人口は二一年一月時点で約九二六万人）、死者数は五〇〇人を上回った。おまけに同月末に大統領自らもコロナに罹患したことを公表。無症状で「生還した」と語り、「国内の感染者の九七％は無症状で回復している」と「コロナ恐れるに足らず」を改めて強調した。「九七％と数値で示すとはデータに基づいて凄い」とも思うが、この数値には何の根拠もない。翌月に控えていた大統領選に向けて「無敵のおれ様」をアピールするためだったと言われている。

その選挙でルカシェンコ氏は続投になったわけだが、驚くべきことにこれが六選目。一九九四年から四半世紀以上、権力を握っている。「欧州最後の独裁者」たる由縁である。

ベラルーシは多くの人にとって、決して馴染みがある国ではないだろう。ソ連を構成していた一五共和国のひとつで、一九九一年のソ連崩壊に伴い、独立を果たす。そして、驚愕すべきは、ベラルーシ国民は大統領を一人しか知らない。ルカシェンコ氏が大統領の座にとどまり続けているからである。

ルカシェンコ氏はソ連時代、農業アカデミーを卒業後に国営農場（ソフホーズ）の支配人として頭角をあらわし、一九九〇年に共和国最高議会の議員に当選。ベラルーシ独立後の一九九四年に実施された同国初となる大統領選で、汚職撲滅を掲げて初当選する。

四半世紀もどのようにして大統領の座についているか気になるところだが、同国に経済的発展をもたらすような政治的手腕を発揮したわけではもちろんない。

未だにベラルーシでは市場経済化に消極的だ。大企業の民営化には手をつけず、ソ連時代の社会主義経済をひきずっている。ベラルーシに詳しい北海道大学スラブ・ユーラシア研究センターの服部倫卓教授は「時代遅れの経済運営を続けられたのは、ロシアとの「特別な関係」から最大限の利益を引き出したからだった」としている（服部倫卓「「ルカシェンコ94」をアンインストールせよ――ベラルーシ民主派の悲壮な戦い」『世界』）。

ロシアとヨーロッパの間に位置し、ベラルーシに対しては大国の利権が絡みあっている。ロシアにしてみれば、ルカシェンコ政権が崩壊して新欧米派の政権が成立するのは困る。実際、アメリカもロシア離れを図るよう接近しているし、周辺国のポーランドやエストニアは民主化を支援している。将来、ベラルーシとの国家統合を見据えるロシアは「おれらの仲間だよな」とばかりに、年一〇〇億ドルとも言われる実質的支援を供与してきた。

こうした大国の対立構図をいかし、狡猾なルカシェンコ氏はロシアの圧力をのらりくらりと交わしながら、国内で自らの権力基盤を固めた。選挙には有力な立候補者の登録を認めず、当選を重ねた。

長期政権の実情は旧ソ時代のメンタリティーをひきずったまま。国民の意識もソ連時代のままに酒ばかり飲んでいる。だから、「ウォッカ」発言も出たのだろうが、ルカシェンコ氏は、意外なことに、酒に溺れる人々に憤りを覚えている。

例えば、大統領に就任して間もない一九九六年。酒に酔って式典での演説ができなかった国防相を即座に解任している。衛星通信基地の開設パーティーとミンスク医科大学の創立七五周年記念式典をはしごした国防相が飲み過ぎて、用意した祝辞をまともに読むことができなかったため、同席していた大統領は、激怒。国防相の演説を中止させ、即座に退席を命令した。国防相は大統領の護衛に連れられ、会場を強制退出させられた。式典の場で大統領は「「元国防相」の行動をおわびします」と参加者に謝罪したというから、これだけ聞くとまとも極まりない。この頃、ロシアの大統領だったエリツィンは外交の場でも泥酔してアポをすっぽかすし、酔って他国の首脳の頭を叩くしと、トップ自ら酒飲みとしてのあるべき姿を誰にも求められていないのに積極的に示していたのとは対極にあった。

今から二〇年以上前とは言え、大臣ですら公の席で泥酔しているわけだから国民の酒浸りぶりは言わずもがな。二〇〇三年にはついに「おまえらは飲み過ぎだ」と国民の飲酒量にルカシェンコ氏は激怒する。全国に中継されたラジオ放送演説で「国民の半分は酔っぱらいだ」と叫び、「今後、旧ソ連時代に反飲酒法の違反者を監禁した収容所を、全ての警察署に設ける」と「飲酒との戦争」を宣言する。

具体的には、酔って逮捕された人はベラルーシの当時の平均月給（三〇ドル）のおよそ三割にあたる八ドルの罰金を科した。そして、アルコール依存症患者は監獄型療養所に移送し、最長で三ヵ月の強制治療を受けさせる。療養所送りになると、家族の面会が禁止される。当然、治療費用は自己負担だ。

ベラルーシは、毎年人口の一割にあたる約一〇〇万人が過飲で逮捕される時期もあった飲酒国家だ。それにしても、思い切った政策だ。その後も、地域によっては午前中に酒の販売を停止したり、酒屋にアルコール依存症のブラックリストを配布して該当者には販売をしないように促したり、取り締まりを強化してきた。

なんでそんなに酒を嫌うのか、酔っ払いを取り締まるのか。実はルカシェンコ自身はほとんど酒を飲まない。たしなむ程度で酒よりは運動を好む。

酒も飲まずに、健康体を誇るなんて、旧ソ連の香りが全くしない。独裁者っぽくない。独裁者ならば、ウォッカで顔を洗うくらいの豪快さが欲しいではないか。「ルカシェンコ、おまえも飲まないのか」と嘆きたくなるが、終身大統領を目指していると言われるだけに健康にこだわるのは当然なのかもしれない。

ドナルド・トランプ、ジョー・バイデン――おじいさんは健康志向

二〇二一年に共同通信が配信した一本の記事がある。

福岡県大刀洗町の酒造会社「みいの寿」が手掛ける日本酒「豊醸《ほうじょう》 美田《びでん》」の米国での売り上げが好調だ。英語表記は「HOJO BIDEN」。そう、バイデン大統領と同じつづりだ。―中略―

バイデン氏が民主党大統領候補に指名された二〇二〇年八月、輸出会社の注文を受け、前年同期比三倍の三六〇本を米国向けに出荷。同年一二月には四八〇本を出荷し、今後も注文は続きそうだという。

バイデンとBIDEN。米国の大統領の名前にちなんで商機につなげようというわけだが、これは珍しい動きではない。バラク・オバマ氏が大統領に就任した際にも福井県小浜《おばま》市《し》が「オバマまんじゅう」を売り出すなど町おこしにつなげようと盛り上がっていたのを覚えている人もいるはずだ。

今回も酒造会社にしてみれば、「バイデン氏がBIDENをくいっと飲んでくれた日には世界的な銘酒になるかもしれない」と期待を抱いただろうが、その可能性は少なそうだ。

二〇二〇年に熾烈な大統領選を戦った、共和党のドナルド・トランプ氏と民主党のバイデン氏。過激な物言いで横柄さが前面ににじみ出ていたトランプ氏と、安心感を与えるおだやかな口調のバイデン氏。毛色が違う二人の数少ない共通点のひとつが、酒を飲まない点だ。二人とも米国では「ティートータル」と呼ばれる絶対禁酒主義者だとみなされている。

ドナルド・トランプ

トランプ氏は兄をアルコール依存症に由来する合併症で失っていることから、酒を口にしない。付き合いでも飲むようなタイプではなく、海外の要人と杯を重ねる時も、コーラで乾杯していたのは有名だ。ホワイトハウス執務室のテーブルには秘書陣にコーラを注文するための専用の赤いボタンを置くほどコーラ好きだと言われた。

二〇一八年一〇月一日の記者会見でも「私は酒を飲まない。生まれてこの方一杯のビールさえ飲んだことがないと断言できる。自分の数少ない美徳の一つだ」と語り、会見場に珍しく笑いを吹き込んだ。

バイデン氏は酒を飲まない理由については多くを語らないが、酒で身を持ち崩した肉親を見て禁酒を誓ったとされる。おそらく、「自分も体質的に酒を飲むとああなってしまう」と懸念を抱いたのだろう。

実際、バイデン氏の次男のハンター氏はアルコールと薬物の依存症に苦しみ、二〇一四年にはコカイン検査の陽性反応が理由で海軍予備役を除隊させられている。二〇二一年四月には、アルコールや薬物依存と闘った過去について詳細に語った回顧録『ビューティフル・シングス』まで出している。

酒を飲まない人は体質的に酒を受け付けないケースもあるが、バイデン氏はトランプ氏同様に「飲めないのでなく、飲まない選択をした」と言えよう。特にトランプ氏は息子二人にも酒を飲まないように教育しているというから筋金入りの禁酒主義者だ。

米国では水代わりにビールを飲んでいる人が多い一方、酒を飲まない人も少なくない。成人のほぼ半数が過去一ヵ月に一回も飲酒していないとの統計もある。トランプ氏自身が酒を飲まないことを美徳にしているように、米国では「禁酒＝知性の表れ」とする見方も一部ではある。

酒は中世ヨーロッパでは健康に良いとされていた。アメリカにもその文化が根付いていた。一九世紀中頃までは酒は体に悪いとの概念はまだなかったが、飲み過ぎて近隣住民に迷惑をかけたり、泥酔して帰宅し家庭内暴力をふるったりする者も少なくなかった。酒の害が可視化されたことで、一部の女性が「酒を禁止しろ」と立ち上がった。そうした禁酒運動は一進一退を繰り広げながらも広まり、二〇世紀初頭の禁酒法制定に結実した。ところが、英国のウィンストン・チャーチルが「人類に対する侮辱」と語ったように「世紀の実験」は失敗に終わる（ザル法だったのでけっきょくみんなガブガブと法の網をかいくぐって飲んでいたのは三章で見た通りだ）。その後、禁酒法は廃止になったが、一九五〇年代まではピューリタニズムのモラルが社会全体にうっすら根付いていた。一九六〇年代になり、公民権運動の高まりなどもあり、ポルノや酒と麻薬が蔓延するようになったというのが一般的な見方だ。米国が酒に関して比較的寛容になったのは、ここ半世紀程度の歴史であり、日本の方がアルコールに対する許容度は昔も今も高い。

こうした社会背景もあり、トランプ氏がかたくなに禁酒のイメージを打ち出すのはエリートビジネスマンらしいが、世の中は酒を飲まない程度ではイメージを変えられないのもまた事実である。

多くの人の記憶の片隅にあるだろう。トランプ氏の破廉恥報道だ。二〇一六年に大統領選の当選が決まった後にCNNなどの大手メディアが「トランプ氏の不名誉な情報をロシアが握っている」と報道した。裏付けが不十分で結局、うやむやになったが、この時の「不名誉な情報」とは「バラク・オバマ米大統領とミシェル夫人がモスクワを訪れたときに宿泊したホテルの部屋にトランプが複数の売春婦を呼び、ベッドに放尿させて眺めた」というものだ。酒を飲まなくても知性の欠片もない行為に思えるが、もしかすると、常人には理解できないだけで非常に知的な行為なのかもしれない（そんなわけはないか）。

いずれにせよ、当選後の初会見の前夜にこのような報道が飛び出たものだから、当日の会見は放尿が話題の中心になった。通常の政治家ならば、馬鹿馬鹿しくて一蹴されるようなネタだろうが、真偽が真面目に質問され、議論を巻き起こすあたりが世間のトランプ像を物語る。放尿させたのか、させなかったのか。酔っていないのに放尿させたのか。シラフでも放尿させるような人物に思われてしまっているのは皮肉ではないか。

トランプ氏とバイデン氏の共通点は禁酒主義だけではない。意外かもしれないが、失言が多いのも似ている。

放言ばかりのトランプ氏に対して、何事もそつなくこなす雰囲気に映るバイデン氏だが、見た目に騙されてはいけない。かつて、オバマ氏が「（バイデン氏は）頭に浮かんだことをすぐ口に出してしまう」と懸念していた通りの展開となっている。

例えば、選挙期間中は、ラジオ番組で黒人司会者に「私かトランプ氏か、投票に迷っているようなら、黒人じゃない」と発言し、別のメディアのインタビューでも「黒人社会と違い、ヒスパニック（中南米系）社会は信じられないほど多種多様だ」と黒人を軽視する発言が目立った。

大統領になってからも、軽口が止まらない。むしろ、過激さを増している。

二〇二一年三月にはテレビのインタビュアーから「ロシアのプーチン大統領を人殺しと思うか」と質問されて、バイデン氏は「そう思う」と答えた。断っておくが、これはロシアがウクライナに侵攻する約一年前のオフィシャルな発言だ。大国のトップを人殺し認定とは米ロの関係からすれば普通はありえない。

バイデン氏に予知能力があったわけではもちろんない。この発言の背景には自身が副大統領を務めたオバマ政権がプーチン氏と距離があったことや、二〇一八年に英国で起きた元ロシア情報部員の暗殺未遂事件を、プーチン氏の指示と認識していたことがあった。だが、確固たる証拠がないのに「人殺し」とは穏やかでない。

バイデン氏が高齢が故の発言とみる向きもあるが、今に始まった軽口ではない。つまり年齢の問題ではなく、性格なのだ。

二〇〇八年大統領選の民主党候補指名争いに出馬した際には、ライバルだったオバマ氏を「おとぎ話に出てくるような初めての黒人主流派」と評し問題になっている。その後、オバマ氏の副大統領候補になってから、共和党に発言を蒸し返され、挑発されても、冷静にかわしたが、二〇二〇年代の今ならば、即刻退場を強いられる差別的な発言だろう。

当時、ロバート・ゲーツ国防長官は、バイデン氏が副大統領に就任してからの「おしゃべりぶり」も指摘していた。

会議中のおしゃべりには誰もが閉口し、オバマ大統領は堪忍袋の緒を切らし、バイデン氏の長話をさえぎるようになったという。ちなみに、バイデン氏は生きている人の冥福を、その人の家族の前で祈ったという仰天エピソードまで持ち合わせている（二〇二二年九月のホワイトハウスでの演説中には亡くなった議員の名前を呼んで、姿を探す一幕もあった）。

バイデン氏の任期は八二歳になるまで終わらない。当然、健康への意識は高く、酒を飲まず、週五日の運動を欠かさない。高コレステロール、酸逆流症、季節性アレルギーのほか、不整脈の一種である非弁膜症性心房細動などの病歴があるが、職務には問題ないとされている。

「ボケ」を心配する声もあるが、二〇二〇年の選挙戦の際には認知症の質問に対して「絶えず検査を受けている」と憤慨しながら答えていた。

つまり、酒を飲まなくても健康であっても、認知に問題がなくても放言する人はするのである。

ジョージ・ウォーカー・ブッシュ――どら息子の転向

近年の米国大統領で、強烈な個性を放ったのはジョージ・ブッシュ・ジュニア氏だろう。二〇一七年のトランプ大統領の誕生で衝撃がかすんでしまったが、当選時は「えっ、アル・ゴア（当時副大統領）じゃないの！　ブッシュで大丈夫か」という世界からのまなざしが米国に向けられた。

ブッシュ・ジュニアことジョージ・ウォーカー・ブッシュは一九四六年に、のちの第四一代米国大統領であるジョージ・ハーバート・ウォーカー・ブッシュの長男として生まれる。エール大学を卒業し、テキサス州で石油事業に携わる。九四年にテキサス州知事に当選、二〇〇〇年に共和党大統領候補に指名され、その年の秋に大統領選でゴア氏と対決。僅差のため決着がつかず、再集計が実施されるなど混乱を経た後に当選を果たす。二〇〇一年一月に大統領に就任する。

大統領選のゴタゴタから低い支持率の船出だったが、結局、ブッシュ政権の八年間、米国は迷走を続けた。そのきっかけとなり、全てにもなったのが二〇〇一年の九・一一同時多発テロだ。ニューヨークの世界貿易センタービルにハイジャックされた飛行機が突入するという、現実とは思えない史上最悪のテロだ。

ブッシュ政権はテロの翌日には、テロをイスラム過激派テロ組織であるアルカーイダによるものと断定。アルカーイダをかくまっているとしてアフガニスタンのタリバン政権に、テロの首謀者であるウサマ・ビンラーディンらの引き渡しを要求したが、タリバンはこれに応じず、米軍は一〇月にアフガンに侵攻する。

誰もがもう忘れていたかもしれないが、米軍のアフガンでの作戦はこのように始まり、そして、つい最近ようやく終わりを迎えた。駐留部隊が撤退したのは二〇二一年八月だ。軍事作戦を開始してから二〇年、文字通り「米国史上最も長い戦争」だった。

ブッシュ政権はアフガンが泥沼化し、終わりが見えなくなる中、他国への干渉を強めた。イラクを「悪の枢軸」と名指しし、国連の大量破壊兵器（WMD）の査察に非協力的だと批判、フセイン政権転覆の機会を狙った。ところが、国連が査察してもWMDの明確な証拠は出てこない。困ったブッシュ政権は「いずれ見つかるだろう」とイラク攻撃の国連の合意が得られないまま、二〇〇三年三月に英国と攻撃を開始する。フセイン政権は四〇日あまりで崩壊し、その年の暮れにフセインは米軍に捕まる（のちに処刑）。

ところが、戦争の大義名分にしたWMDはいくら探しても見つからない。イラクはフセインが処刑されたことで二〇〇七年以降、治安が悪化し、駐留軍、イラク民間人ともに死者が急増した。さすがに米国民も「ブッシュ政権、やっぱりヤバイのかも」と再認識し、二〇〇八年の大統領選で共和党は民主党に敗れる。さすがにヤバイのではなく、最初からヤバかった可能性が大きいのに、気付くのが遅すぎたのである。

ブッシュ・ジュニア（以下ブッシュ）氏は二〇〇〇年の初出馬の大統領選から自身の過去がメディアにクローズアップされていた。褒められる経歴ではなく、若い頃のアルコール依存とドラッグ使用歴だ。本人もさすがにこれらの過去は気にしていたようだ。

二〇〇〇年の選挙戦への抱負を私的に語ったテープが二〇〇五年に暴露された時も、そのテープの中でコカイン使用歴の噂を異常に気にしている。

「それはでっち上げだ」と否定する一方で、過去にはコカイン使用を公に否定していることについては「私は何も（否定は）していない」と歯切れが悪い。そして「（選挙戦で）私は麻薬に関する質問には答えないつもりだ」と、どう考えても「真っ黒」なのである。

ところが、若い頃の飲酒運転の逮捕など酒癖の悪さについては「行儀が悪かっただけ」と一蹴し、ほとんどバレても気にしていない様子だ。

このテープはブッシュシニア（父親）の側近が、テキサス州知事時代のブッシュ氏との対話をこっそり録音していたものだ。それを主要メディアに持ち込まれたというから、人望のなさがうかがえる。

過去の飲酒歴を気にしないのも、ブッシュは大統領在任中はすでに酒を飲まない生活を送っていたからかもしれない。四〇歳の誕生日の翌日に禁酒を断行し、それ以来、一滴も酒を飲んでいない。これは妻の助言や禁酒を始める前年に伝道師に出会い、信仰心に目覚めた経験が背景にある。

毎朝、聖書を読み、神への祈りから始まる。大統領の職にあっても、週に六日はホワイトハウスの庭で三マイル（約五キロ）ジョギングすることを欠かさなかった。報道の中には「一マイルを七分で走る速さで、伴走するシークレット・サービスも追いつけないほど」ともあるが、さすがにこれは大袈裟だろう。当時五六歳の男性にしては速いかもしれないが、一六〇〇メートルを七分だから、そこまで速くはない。とにもかくにも、大統領専用機、「エアフォースワン」内にもランニングマシンを置くほどだったというから、運動は欠かさなかったことがわかる。定期健康診断では、同年齢の男性では「トップ一％に入る並外れた健康状態」と太鼓判を押されるほどで、肉体面では「不摂生の堕落したどら息子」の姿は過去のものとなっていた。

とはいえ、若い頃の自らの行動もあり、酒は飲まなくても酒に対しては寛容なのだろう。

双子の娘のひとりであるジェナも酒癖の悪さを受け継いでいる。

ブッシュ氏が現役大統領時に、ジェナの酒がらみのトラブルは幾度も報じられた。大統領が心配してボディーガードをつけても、「私につきまとうな」と絶叫し、放送禁止用語を連発。ボディーガードにしてみれば「こっちも仕事なんだから、そうは言われても」といったところだろう。

かまって欲しくない気持ちはわかるが、交際相手が飲酒運転で捕まった際には、自分の運転手を刑務所まで迎えに行かせている。かまって欲しくはないが、使えるものは使いたい。それにしても、親子で酔いどれのみならず、交際相手も飲酒運転で逮捕とは少しばかり、酒に寛容すぎやしないだろうか。

ブッシュ政権の酒との深いつながりは親族だけでない。副大統領だったディック・チェイニー氏も学生時代に飲酒運転で捕まるなど酒癖が悪く、エール大学を退学した過去を持つ。地元ワイオミング州で電気工になるも、そこでも酒浸りの生活で、酒場で乱闘して留置所に収容されている。ここから、どうやって「陰の大統領」と呼ばれるまでにのし上がるのか、全く想像がつかないが、映画『バイス』にチェイニー氏ののし上がり術が詳しいので、気になる人は見て欲しい。

この映画で若い頃のブッシュ氏が父親のパーティーに一瞬登場するが、よれよれの酔っ払いに描かれている。ミスター千鳥足と呼ぶにふさわしいほど、よれによれている。劇中でチェイニー氏は酔いどれをみて、自分の妻に「一家の面汚し」とささやく。後年、軽蔑のまなざしを注いだその面汚しを副大統領として支え、自らの石油利権が絡む産油国イラクへの侵攻を決断させるとは、政治の世界は怖すぎる。

ちなみに、チェイニー氏はブッシュ氏の父親が大統領の時に国防長官を務めているが、これは思わぬ形での登板だった。ブッシュ父は当初、ジョン・タワー元上院議員を国防長官に指名したが、酒癖の悪さや女性問題などを理由に就任を議会から拒否されたからだ。

タワーは問題が噴出後、「(もう酒を飲まないという)誓いは神聖なもの。絶対に守る」と力説して巻き返しを図ったが、承認を得られなかった。むしろ、タワーの必死の弁明に「あなたは結婚時に誓いを立てたのに約束を破って離婚しているから、あなたの誓いは信じられない」と突っ込まれるなど、支持は広がらなかった。タワーは一九九一年飛行機の墜落事故で亡くなっている。

ブッシュ家を取り巻く酒に関する問題の多さはアメリカの縮図とも言えるが、さすがに一国の首脳の周辺がこれだけ酒まみれなのは穏やかではない。

バラク・オバマ——優等生の苦悩

「Yes we can!（イエス・ウィー・キャン）」。今となっては、整形外科のクリニックの先生の決め言葉と大差なく聞こえるが、当時、私たちの世界は希望と夢にあふれていた。少なくとも私は、「すごいよ、オバマ。格好良すぎるよ」と思っていた。

二〇〇八年三月、民主党の大統領候補指名獲得レースで、バラク・オバマ氏はヒラリー・クリントン上院議員に遅れをとっていた。劣勢の中、三月四日のテキサス州サンアントニオの演説でこの言葉が飛び出した。

「恐怖からの脱出を切望する疲れた旅人たちは、アメリカ合衆国が地球上で最後の、そして最良の希望の地であり続けることを望んでいる。われわれはそんな人々の声に応えることができるか。イエス・ウィー・キャン。そう言えるだけでなく、そう期待し、確信している」

団結すれば困難を乗り越えられるというシンプルなメッセージ性が受け、この演説以降、オバマ氏がこのフレーズを使うと、聴衆が呼応して「イエス・ウィー・キャン」と繰り返すスタイルが定着する。

「チェンジ」と並んで改革者としてのイメージを象徴する言葉で、ヒラリー氏に競り勝ち民主党候補になったオバマ氏は、その勢いのまま大統領の座をつかむ。

オバマ氏はその次の大統領のトランプ氏との比較で日本ではクリーンなイメージを抱か

れがちだ。酒は飲むが距離を置いており、妻のミシェル・オバマ氏は結婚前のオバマ氏を「とにかくまじめで酒は飲むが酒場になじむ人ではない」と評している。オバマ氏自身も回顧録で大統領在任時は「平日は禁酒するルール」を自らに課していたと明かしている。

一方、「根っからのエリートではなく、自分のアイデンティティに苦しみながらも一念発起して初の黒人大統領になった努力家」の側面を打ち出してもいる。

自伝『マイ・ドリーム』には、高校時代に自暴自棄になり、酒やドラッグに溺れた姿が描かれている。

「マリファナやアルコールは気を紛らわすのに役に立った。お金に余裕があるときには、コカインにも少し手を出した」

「ジャンキー。マリファナ常習者。それが私の行く末だった。（中略）当時の私はただ、自分が誰なのかという問いを心の外に追いやり、自分の胸の中の風景を消し去り、自分の記憶の輪郭をぼやけさせるためだけにハイになっていた」

酒とドラッグに依存せざるを得なかった黒人の子どもが大統領に……、ストーリーとしては心を打たれるが、話ができすぎでもある。実際、当時を知る同窓生からは、「確かに学校に黒人は少なかったが、生徒の間では人種なんて問題にはならなかった（中略）心の葛藤を見せたことはなかった」「麻薬に頼るようには決して見えなかった」「彼の苦悩が人種問題だったなんて考えるのはばかばかしいことだ」との声もあがっている。

もちろん、人には表には見せない顔がある。ただ、地元紙シカゴ・トリビューン紙がオバマ氏の素顔を徹底取材した『ＯＢＡＭＡ　オバマの真実』（朝日新聞出版）でも酒を飲み、マリファナを吸うくらい生活がすさんでいたら、「心の動揺がなぜ親友たちに知られることがなかったのか推し量ることは難しい」と疑念を呈している。

オバマ氏はマイノリティとは言え、コロンビア大とハーバードロースクールを出て、権威ある法律専門誌「ハーバード・ロー・レビュー」初の黒人編集長という華やかな経歴を持つ。ダボダボなズボンをはいて、皮膚の四割くらいをタトゥーが占めるタイプの黒人ではない。それゆえに、「コカイン、マリファナ、アルコールに溺れていたおれ」を打ち出したのではないか。親しみやすさを覚えてもらう、したたかな選挙戦略なのではと疑念を抱かずにはいられない。真にアルコールと薬物依存だったブッシュ・ジュニアとは違うのではないかと。

イメージ戦略を重視するオバマ氏の実像はつかみにくい。上院議員に就任した二〇〇五年にすでにオバマやそのブレーンは二〇一二年もしくは二〇一六年の大統領選を見据えている。将来の大統領に向けての布石を打ちすぎていたために、明らかな矛盾も生じてしまった。

それを裏付ける、有名なエピソードがある。

オバマ氏の政治の原点は九歳のとき。雑誌『ライフ』に目を通していると、「白人になれる」という謳い文句の化学薬品を使ったがために、皮膚がボロボロになった黒人の写真に出くわす。これが人生の大きな転機となったと自伝などで語っているのだが、驚くべきことに、『OBAMA』によると、ライフ誌にそんな記事が掲載された号は存在しない。「人種」というアメリカの最大タブーをうまく利用したと言われても否定できない。

オバマ氏が実際にどの程度アルコールに溺れていたかは今となっては、知るべくもないが、理想と現実を巧みに使い分けるだけに「ダメだったおれのサクセスストーリー」戦略が見え隠れしてしまう。「グレたと言っても優等生が火遊びした程度だろ」と言いたくなる。もちろん、本当に酒に頼っていたのかもしれないが。

オバマ氏と酒を結びつけるエピソードもある。

オバマ氏の父と母は、オバマ氏が三歳の時に離婚している。父親とは疎遠だったが大統領在任時の二〇一〇年に突如、オバマ氏の人生と関係してくる。

オバマ氏のおじ（父の異母弟）が飲酒運転で逮捕された。警官に職務質問された際、目が充血して、ろれつもまわらず、「ビールを二杯飲んだ」と話したという。ビール二杯でろれつがまわらないのかと思わず突っ込みたくなるが、おじは当然警察で取り調べを受ける。その後、保釈手続きのための電話連絡先を問われたおじは迷わず、こう答えた。「ホワイトハウスまで頼むよ」。

習近平――飲んで飲んで、飲ませて飲んでのマオタイ文化の行方

大柄な肉体に無表情で寡黙な雰囲気。これで下戸と言われても誰もが信じまい。実際、若かりし頃の習近平氏は杯を重ねても全く酔わなかったという。近年、習氏が酒豪ぶりを発揮するようなエピソードは公式には聞こえてこない。そもそも、酒豪ぶりを発揮してはいけない立場に彼はある。

ご存じの人も多いだろうが、世界第二位の経済大国になった中国で、公的な宴席から酒が姿を消して久しい。

かつて中国の宴会といえば、「カンペイ、カンペイ」の嵐だった。日本の乾杯と違い、彼らの乾杯はアルコール度数五〇度前後の白酒を水のように飲み干して、グラスの底を見せるのが流儀だ。

それが、二〇一二年に政府主催の食事会からアルコールが姿を消した。習近平氏が脱腐

敗運動を掲げ、公費宴会に厳しい制限を課すようになったからだ。

内容は地方によって異なるが、例えば、首都北京では、昼は全面的にアルコール禁止、夜はビールやワインは許されるが、白酒は完全に禁止された。

中国文学研究家で東大名誉教授の藤井省三氏は、二〇一三年春に中国で開かれた国際シンポジウムに出た際の、宴席の変化を記している。それまでは着席式で山海の珍味と地元の名酒が定番だったが、高級ホテルに滞在した三日間の昼、夜いずれもバイキング形式で酒なし。そして公費節減の関係で味も「学食にも劣るが如き」と表現しているので、粗食もいいところだったのだろう（二〇一三年夏以降は酒の私費での持ち込みが可能になり、料理も以前の水準に戻ったと聞く）。

こうした動きは一部では好感された。中国では日本と同じく若者はおじさんたちの宴会文化を完全に受け入れていない。白酒での宴会が禁止されたことで、白酒での乾杯が苦手な若者からは「習おじさん、最高！」との言葉も聞こえたとか。

とは言え、未だに公職社会では飲めない人・飲まない人より、酒飲みが上司や同僚から高く評価される。私的な宴席では、酒は依然として人間関係を構築する接着剤になっているのだ。

習近平氏が反腐敗運動を強力に推進していたはずの二〇一四年には、新華社通信が公務員の過度の飲酒による死亡事故を報じている。警察官が幹部を招いて酒を飲み、その後に転落死したり、公務員が上司との宴会で突然死したり、不幸な事故が相次いだ。いずれも下級職員が上級者と酒を飲んでいて、頑張って飲み過ぎてしまった格好だ。「酒量こそ能力」とする文化が色濃く残っていることがわかる。

この頃、広西壮族自治区の小都市では、女性公務員の求人広告には「酒量（コーリャン酒基準）は少なくとも五〇〇ミリリットル以上」という条件まで掲げられていたと言うから、いかに酒と生活が密着しているかがうかがえる。

地方政府では、過度な飲酒で職員が怪我をしたり、死亡したりした時は、厚い補償を約束するケースも少なくないというから腰を抜かす。これは日本では考えられない。例えば「福岡市職員、飲み過ぎて線路に転落」と報じられたにもかかわらず、手厚い見舞金がでるようなものだ。中国四〇〇〇年の歴史はそう簡単には変わらないのである。酒品こそ人品なのだ。

ぜいたくを禁じることで酒宴がいかに減ろうが飲酒運転を厳罰化しようが、酒が生活に密着したエピソードは多い。習近平から脱線するが紹介しよう。

中国の高速鉄道は安全確保のため、封を切った蒸留酒の持ち込みを禁止している。知らない人も多く、そこでまた悲喜こもごもの光景が見られる。

車内に酒類の持ち込みができないと聞いて、たいていの人は諦めるが、いかんせん、「飲めるやつは偉い」文化である。「このくらい朝飯前だぜ」とその場で飲み干そうとする人も後を絶たない。

二〇一六年一月には安徽省の高速鉄道合肥駅の検査場で持ち込みを断られた男が、五〇〇ミリリットル瓶一本分の白酒を、警察官の目の前で飲み干した。ここまでなら中国ではよくある話だが、男はろれつが回らなくなり、足下をふらつかせながら「薬物も持っています」となぜか告白。身体検査したところ、自供通りヘロイン三グラムが見つかり逮捕された。中国では日本以上に薬物は御法度だ。聞かれもしないのに自らヤバいものを持っているとしゃべり出すなんて。政治犯に白酒を一気飲みさせたら、いろいろ吐くのではと思えてくる。

二〇一九年秋には湖南省懐化市の懐化駅の検査場で、女性が車内に白酒で作った薬酒約五〇〇グラムを持ち込もうとしたところ没収されそうになった。没収されてはもったいないと考えた女性は急いで飲み干した。これもここまでは珍しくないが、酒を一気飲みし、乗車しようとしたところ、急性アルコール中毒でその場で倒れ、騒ぎになった。酒は飲んでも倒れるな。

ちなみに、中国の国酒の位置を占めてきた白酒だが、ぜいたく禁止の宴会自粛の影響で生産量の伸びは鈍化している。習近平政権が本格始動した二〇一三年は、売り上げは前年の半減以下に落ち込んだ。白酒の中でも高級酒のマオタイの代表商品「飛天」（五三度、五〇〇ミリリットル）は、禁止令以前は日本円で三万円を超える値段で取引されていた（正規販売価格は約二万六〇〇〇円）。それが禁止令が強化された二〇一三年八月には半値の一万五〇〇〇円以下にまで落ち込んだ（マオタイを販売する貴州茅台《ちだい》は需要減に伴う販売価格下落を懸念し、小売り価格を恣意的に決めたため三〇億円以上の罰金を科せられた）。四〇代以下では酒の嗜好も多様化していて、ワインの消費量が右肩上がりなことも背景にある。

とはいえ、中国＝白酒が揺るがないことを知らしめたのが二〇一八年三月二六日。この日、北朝鮮の最高指導者である金正恩朝鮮労働党委員長が非公式で中国を訪問した。秘密裏とはいえ、中国側は習近平主席を中心に盛大な歓迎式典で出迎え、同日夜には人民大会堂で晩餐会が開かれた。この時の様子は北朝鮮の朝鮮中央テレビや中国のメディアが後日報じたが、その中の一枚の写真が中国のインターネット上で話題を呼んだ。

注目を集めたのは、宴席でウェイターが手にしていた二本のマオタイだ。どこの国でもネットユーザーの探偵ばりの調査力には舌を巻く。彼らは、瓶の形状や外観から晩餐会で提供されたマオタイを特定してしまう。製造から三八年以上経ったマオタイで、五四〇ミリリットル、価格は約二二〇〇万円。一ミリリットルあたり四万円。それが少なくとも二本だから四四〇〇万円である。これが物議を醸した。

どのような国であっても、国家元首や政府首脳をもてなす席とはいえ、二二〇〇万円の酒を提供すれば批判されてもおかしくない。中国は接待の簡素化などぜいたくを禁じているのに、マオタイ二本で四四〇〇万円。「習近平が自ら禁止令を破っている」「ぜいたく禁止とかおまえが言うな」と、ネットユーザーが怒り出すのは火を見るよりも明らかだろう。

おまけに報道によると、お互いに贈り物をして、習近平氏は金正恩氏に計一一本のマオタイ酒を贈っている。これも専門家の試算では計二〇〇〇万円を超える。

もちろん、映像や写真からの分析で、これらの試算が正しいのか証明する手立てはない。マオタイの世界では、瓶の偽造や古い瓶に新しい酒を入れて転売されるようなケースも多い。いずれにせよ、このエピソードは宴会の主役はいまだにマオタイであることを物語っている。少なくとも二〇一八年の時点ではマオタイは宴席の主役だった。

マオタイの落ち込んだ取引価格は二〇一七年に再上昇し、二〇一八年には禁止令以前の価格にまで上昇した。

マオタイは高級ワインのように、時間の経過で価値が上がる。年代物がありがたがられる存在だ。出荷量を調整して、ブランド価値を高めることもしばしばあり、値崩れは本来しにくい。マオタイを投機対象として捉える投資家がマオタイの価格高騰を演出した。

その結果、貴州茅台酒は二〇一七年に酒類大手として時価総額世界トップの座に就き、二〇二一年二月上旬には株価が過去最高を記録した。だがそれ以降、株価が下落。英フィナンシャルタイムズは「時価総額にして二〇七〇億ドル（約二三兆八〇〇〇億円）が消失した。この消失額は、日本のサントリーとオランダのハイネケンの時価総額を合わせた額よりも大きい」と指摘している。この間、政府が貴州茅台酒の元会長・袁仁国被告に対し、収賄罪で無期懲役判決を下すなど、逆風が吹きまくっている。

「役人は飲む勇気が無く、庶民は高くて手が出ない」と揶揄されたマオタイ。富の象徴ともされたマオタイに政府が厳しい姿勢を隠さなくなった背景には中国の社会構造が転換したとの声もある。政府が「共同富裕」というスローガンを掲げ、平等主義を叫ぶ中、果たして、飲んで、飲んで、飲ませて飲んでのマオタイ外交も姿を変えるのだろうか。

ウラジミール・プーチン――人間は酒を飲まなくても合理的な判断をするとは限らない

二〇二二年二月にロシアがウクライナに侵攻し、一年が経ったが、戦況は泥沼化している。プーチン氏の行動は、私が一冊かけて伝えたかったことを証明してくれた。酒を飲まなくても、体を鍛えて節制しても、まともな判断ができるとは限らない。泥酔して熟柿《じゅくし》臭い息で演説する、シックスパックとは無縁のだらしない男が、政治家としてはまともな判断をする可能性を歴史は否定しない。

プーチン氏は一九五二年に、レニングラード（現サンクト・ペテルブルグ）市に生まれる。レニングラード大学（現サンクト・ペテルブルグ大学）卒業後の一九七五年に、旧ソ連国家保安委員会（KGB）の対外情報部門に勤務する。この頃の活動の詳細は明らかになっていない。ソ連崩壊後にサンクト・ペテルブルグの第一副市長に就く。この時代は政治活動で多忙な市長を支え、市政を裏で取り仕切ったため「影の枢機卿」の異名をとった。枢機卿はカトリック教会で法王に次ぐ行政職で、緋色のガウンと赤の帽子を身につけている。プーチン氏は当時あまりにも地味で目立たないから、「影」と呼ばれたわけだ。

それが今や枢機卿どころか王の座に就いて久しい。二〇〇〇年に四七歳でロシアのトップに就いてから、二〇年超。二〇〇八年には側近中の側近であったドミートリー・メドヴェージェフ氏が大統領に就いたが、実態はプーチン氏の傀儡政権で強権化に拍車がかかった。

二〇二〇年に憲法も改正し、二〇三六年まで大統領の座に居座れるようになった。退任の期限を迎える時には恐ろしいことに八三歳になっている（米国のバイデン大統領の退任が八二歳なのでインパクトは薄まったが。バイデン大統領は再選に意欲的とも言われており、もし出馬するとなると退任時は八六歳だ）。

もちろん、ウクライナ侵攻の影響もあり、途中で自ら退任する可能性も否定できない。だが、大統領の任期を「最長で二期一二年間」と定めていたものを、「現職や大統領経験者の過去の任期は数えない」と変えたのは未だに権力欲が冷めないあらわれだろう。

権力の座を保つために、自己管理は徹底している。スポーツ万能で柔道は黒帯の腕前。日本料理が大好き。そして、酒を飲まないことで知られる。全くの下戸ではないが、付き合いでコニャックを小さなグラスで一杯、二杯飲むだけ。これまで一度も酔っ払ったことがないとも言われる。あまりにもできすぎたプロフィールに映るが、自己管理力が高くなければ権力を維持できない時代なのだろう。

ウラジミール・プーチン（出典：www.kremlin.ru）

二〇一九年六月二八日に大阪で開かれた、二〇ヵ国・地域首脳会議（G20大阪サミット）の首脳夕食会の光景が象徴的だ。

二八日に行われた二〇ヵ国・地域首脳会議（G20大阪サミット）の首脳夕食会で、ロシアのプーチン大統領がお茶の入ったタンブラーを持ち込んだことが同国メディアで話題になっている。ペスコフ大統領報道官によると、プーチン氏が愛用しているもので常に持ち歩いているという。

夕食会では、飲み物として山梨県産や兵庫県産のワイン、福島県産の日本酒のほか緑茶や抹茶などが用意されたが、ロシア通信はプーチン氏が「自分の白いタンブラーに入ったお茶を飲んだのが映像から分かる」と報じた。

乾杯のあいさつでは、安倍晋三首相が日本酒、トランプ米大統領がコーラ、フランスのマクロン大統領がワインを飲んだとみられるという。（共同通信配信記事）

外交の場で付き合い程度にも酒を口にしないし、会場にあるお茶も飲まずにタンブラー持参の我の強さには敬服してしまう。

ロシアは旧ソ連時代に世界を米国と二分しただけあり、超大国の条件は今でも揃えている。原油に限らず天然ガスなど豊富な天然資源が広大な土地に眠っている。太平洋、大西洋、黒海、カスピ海に面していて、海外とのアクセスも良い。

ロシアが二〇〇〇年以降に成長を遂げた要因は、原油価格の高騰だ。二〇〇八年までは年平均七％成長を続けた。ただ、二〇一〇年代半ばからは原油価格は下落傾向にあり、成長率も一％前半に落ち込んだ。豊富な天然資源こそロシアの生命線だが、一本足打法は限界がみえつつあった。かつてはブラジル、中国、インド、南アフリカと並びＢＲＩＣｓと称され、新興国のリーダーに位置づけられたが他の四ヵ国に比べて経済規模は小さいままだ。エネルギーの生産輸出で立て直しを図ったが、世界的な景気後退下では容易ではない。

プーチン大統領はかつては二〇二四年に世界の五大経済国への仲間入りを目指したが、今のところトップ一〇圏外だ。資源エネルギー以外の大幅な輸出増の見通しは立たない。完

ウクライナとの戦争がどのような形で着地するにせよ、国内経済への影響は大きい。完全にヨーロッパの大半どころか世界を敵に回してしまった格好だが、そもそも侵攻前から明るい話は少ない。閉塞感が漂い、話題になるのはチェチェン問題への対応のまずさや暗殺話ばかりだった。

例えば、二〇二〇年には反政権活動家であるアレクセイ・ナバリヌイ氏が飛行機の中で意識を失って重体に。入院先のロシアの病院では毒物は検出されなかったが、危険を感じたナバリヌイ氏の側近がドイツに転院させて検査し直したところ、神経系の成分が検出された。体調が悪化する前に飲んだお茶に毒を盛られたとの見方が支配的だ。

少し時代を遡れば、二〇〇四年にはノーバヤ・ガゼータ紙のアンナ・ポリトコフスカヤ記者が紅茶を飲んで意識不明の重体になり、奇跡的に回復するも二〇〇六年に射殺体で発見されている。

同じ二〇〇六年には元スパイのアレクサンドル・リトビネンコ氏が亡命先のロンドンで殺害されたが、体調を崩す前にホテルのバーで飲んだ緑茶からは猛毒の放射性物質が発見されている。

彼らに共通するのは、反政権。ポリトコフスカヤ氏は政権のチェチェンでの行為を批判していたし、リトビネンコ氏はチェチェン武装勢力によるモスクワのアパート爆破をプーチンの自作自演と発言していた。もちろん、真偽は不明であり、彼らの死の真相は藪の中だが、プーチン氏の周辺は「酒」ではなく、「お茶」がキーワードであることは間違いない。

とはいえ、「酒」の話題もある。プーチン政権下では、国内のアルコールの消費量が大きく変化している。

世界保健機関（WHO）は一日、ロシアの一人当たりアルコール消費量（二〇一六年）が〇三年に比べ四三%減少したという報告書を公表した。酒類の販売制限や健康な生活習慣の促進など、スポーツ好きのプーチン大統領の下で進められた施策が奏功したと分析している。

報告書によると、密造酒の消費量が激減した。こうした傾向を背景に平均寿命が伸びており、一八年は女性で七八歳、男性で六八歳に達した。一九九〇年代初めの男性の平均寿命は五七歳だった。

プーチン政権は、午後一一時以降の酒類販売禁止や蒸留酒の最低小売価格引き上げ、広告の制限などを進めた。ソ連時代末期、ゴルバチョフ政権の禁酒運動で消費が減少したが、ソ連崩壊後に爆発的に増えていた。

WHOは今やロシア人の平均飲酒量はフランス人やドイツ人を下回ったとしており、報告書で「ロシアが酒豪の国という長年の認識は近年覆された」と指摘した。

（「アルコール消費量　四割減　健康志向のプーチン政権　ロシア」『静岡新聞』二〇一九年一〇月三日付夕刊、時事通信配信）

「世の中に醜女《ぶす》はいない。ウォッカが足りないだけだ」という言葉が広く知られるほど酒と距離が近いロシアが大きく変わっていることがわかる。

飲まないロシア人は飛ばない鳥くらいの衝撃だが、飛ばなくなった鳥も存在するわけだから、ロシア人が飲まなくなるのも不思議ではない。

自ら節制に励み、長期政権下で国民にもそれを促し、ロシア人と切っても切れない関係にあった酒との関係も変容させてしまったプーチン氏。ウォッカ片手に赤ら顔のロシア人のパブリックイメージまで塗り替えてしまったプーチン氏。そんなプーチン氏でも弱点はある。会談場に遅刻する欠礼が日常茶飯事なのだ。

二〇一三年一一月の韓国の朴槿恵大統領との首脳会談には、四〇分も遅れて登場。八〇人余りの出席者がそろって空腹のまま待ち、午後四時四七分になって「昼食」を始めた。朴槿恵は二ヵ月前の会談にも四〇分待たされた。韓国メディアはこのとき、金大中元大統領が四五分、李明博前大統領が四〇分待たされた過去もあり、無礼で傲慢と憤っていたが、別に韓国を舐めているわけではない。

バラク・オバマ米大統領と会う時も四〇分、ローマ法王謁見ですら一五分遅刻している。これらの遅刻は外交上の駆け引きとも言われてきたが、誰彼かまわず遅れては駆け引きでもなんでもない気もする。むしろ、二〇二二年、世界の人々は「遅刻するんだから、戦争の決断だけ早々と下すなよ」と思ったはずだ。ウクライナ侵攻の決断を、なぜ待てなかったのか。なぜ踏み切ってしまったのか。それともプーチン氏としては待った上での決断だったのか。いずれにせよ、彼は教えてくれた。人間は酒を飲まないからと言って合理的な判断ができるとは限らないのだ。

おわりに

政治家の品格

二一世紀になり、「品格」が問われる時代になった。少し前の話になるが、書籍では『国家の品格』『女性の品格』がベストセラーになり、テレビドラマでも『ハケンの品格』が話題を呼んだ。「横綱の品格」が問題視され、角界を追われた力士もいた。

近年では芸能人ですら品格が問われるようになり、異性問題などトラブルが報道されると以前よりも復帰に時間がかかるようになっている。そして、政治家も例外ではない。

そもそも「品」は、社会的階層を超えた価値を示す。お金がなくても品のある人はいくらでもいることからも明らかだろう。「格」も、具体的な地位を指していない。その人が備えている威厳、オーラのようなものを「格」という。立場が下のものでも、上のものと比べて「格が違う」ことはよくある。

言語学者の金田一秀穂氏は、「品格」は俗世間とは違った価値観を示す言葉だから、本来は、政治家や実業家にはそぐわないと指摘する。明治の人は、「あの首相には品格がある」と褒めたりしなかったはずだとも述べている。つまり、品格は本来、政治家にも国家にもハケンにもミスマッチな言葉なのだ。

品格よりも、どのような手を使おうが対立する利害を着地させるのが政治家の役割だろう。明治時代のある元老が、若い政治家と論争して言葉が詰まったとき「若いの、そりゃ理屈だ」といって黙らせたという話がある。理屈を度外視する世界が政治なのだ。

だからだろう。理屈ではない世界で生きる政治家の私生活など、どうでもよい時代が長かった。愛人が何人いようが、家庭がめちゃくちゃだろうが、そして酒を飲んで暴れようが。「だって政治家だもんね」で多くの人が納得した時代が長く続いた。

現代はもしかしたら「政治」はやりにくいのかもしれない。品格ブームや白黒付けたがる風潮は逆風で、私生活の乱れは政治家人生を左右しかねない。

本書は「昔は良かった」と懐古したかったわけではない。今も昔も、酒を飲もうが飲むまいが、私生活が乱れていようが乱れてなかろうが、政治手腕がない人はないし、ある人はある。

もちろん、政治家の振る舞いと政治の結果や国民の幸せの因果関係などは、変数が多くわかるわけがない。ただ、因果関係がわからなくても、政治家が品行方正でなかろうと、国がまわることは理解できただろう。政治家の仕事は自身のイメージをよくすることではないのだから。

令和の日本は、本音と建て前の議論が成り立たなくなっている。インターネットの世界を中心に「正論」がこれまで以上に力を持ち、本音なき建て前にみなが困惑している感もある。だが、正論で全てが動くわけがないことは歴史が物語っている。正論ではカバーできないところを補うのが政治家の仕事でもあった。

こんにちの日本の「一億総「品行方正」社会」に生きづらさを感じている人も少なくないだろう。だが、長い歴史でみればそんなことを言い出したのはつい最近であるし、本当に品行方正な人は多くない。本書を通じても、スーパーマンのような完全無欠の政治家はどこを探したっていないことは理解できただろう。人間は偉くても偉くなくても適当でいい加減な生き物なのだ。

結論めいたことを述べれば、私たちは、政治家に期待しすぎずに、文句を言わずにやれることをやるしかない。酔っ払いは慣れているではないか。泥酔して、友達が嘔吐したら、黙って掃除することを。ましてや、自分自身で吐瀉物まみれにしてしまった服は自分で洗うしかない。政治を完全に誰かにまかせるのは、友人や自分が吐瀉物まみれになっても放っておくのと同じであると言ったら言い過ぎだろうか。

二〇二三年二月

栗下直也

参考文献

●各章で参考にしたものは初出のみ。無署名の報道記事は煩瑣になるため記載を省いた（引用したものは本文中に記載）。

第一章

嵐山光三郎『文人暴食』新潮文庫、二〇〇五年
井黒弥太郎『追跡・黒田清隆夫人の死』北海道新聞社、一九八六年
石川真澄『人物戦後政治 私の出会った政治家たち』岩波現代文庫、二〇〇九年
大下英治『田中角栄の酒』たる出版、二〇一六年
大杉栄『自叙伝』土曜社、二〇一一年
大杉栄『日本脱出記』土曜社、二〇一一年
司馬遼太郎『翔ぶが如く（三）』文春文庫、二〇〇二年
高橋是清『随想録』中公文庫、二〇一八年
高橋是清『高橋是清自伝（上）（下）』中公文庫、二〇一八年
立花隆「バブル経済を迷走へ導いた故・宮沢喜一元首相の功罪」日経ビジネスオンライン（現在、ページリンクなし）

田村祐造『戦後社会党の担い手たち』日本評論社、一九八四年
ニコラス・ポッペ（村山七郎監修、下内充・板橋義三訳）『ニコラス・ポッペ回想録』三一書房、一九九〇年
松浦周太郎・志賀健次郎編『池田勇人先生を偲ぶ』非売品、一九六七年
御厨貴・阿川尚之・苅部直・牧原出編『舞台をまわす、舞台がまわる――山崎正和オーラルヒストリー』中央公論新社、二〇一七年
御厨貴・後藤謙次「竹下から安倍まで総理17人のベスト3」『文藝春秋』第九六巻第二号、二〇一八年
宮澤喜一「正直にバカのついた男」『文藝春秋』第四三巻第一〇号、一九六五年
ラルフアー・宮澤啓子「風変わりな父・宮澤喜一」『文藝春秋』第八五巻第一一号、二〇〇七年
渡邉恒雄・御厨貴・伊藤隆・飯尾潤『渡邉恒雄回顧録』中央公論新社、二〇〇七年

第二章

ボリス・エリツィン（中澤孝之訳）『エリツィンの手記（上）、（下）』同朋舎出版、一九九四年
大島直政『ケマル・パシャ伝』新潮選書、一九八四年
河合秀和『チャーチル――イギリス現代史を転換させた一人の政治家 増補版』中公新書、一九九八年
ウィンストン・チャーチル（中村祐吉訳）『わが半生』中公クラシックス、二〇一四年
アンリ・トロワイヤ（工藤庸子訳）『大帝ピョートル』中公文庫、一九八七年
リチャード・ニクソン（徳岡孝夫訳）『指導者とは』文春学藝ライブラリー、二〇一三年
布施裕之「特派員ノート モスクワ・布施裕之 大統領の「自己防御」突出」読売新聞、一九九七年五月三

一日朝刊
サイモン・セバーグ・モンテフィオーリ（染谷徹訳）『スターリン――赤い皇帝と廷臣たち　下』白水社、二〇一〇年
李志綏（新庄哲夫訳）『毛沢東の私生活』文春文庫、一九九六年
渡辺惣樹「スターリンの死に方〜その2〜」『Voice』二〇二一年四月号

第三章

F・L・アレン（藤久ミネ訳）『オンリー・イエスタデイ』ちくま文庫、一九九三年
グレン・サリバン『酒が語るアメリカ裏面史』洋泉社、二〇一五年
渋沢秀雄『父 渋沢栄一』実業之日本社、一九五九年
オリバー・ストーン&ピーター・カズニック（熊谷玲美・小坂恵理・関根光宏、田沢恭子、桃井緑美子訳）『オリバー・ストーンが語る　もうひとつのアメリカ史2　ケネディと世界存亡の危機』早川書房、二〇一三年

第四章

安倍寛信『安倍家の素顔』オデッセー出版、二〇二一年
バラク・オバマ（白倉三紀子・木内裕也訳）『マイ・ドリーム』ダイヤモンド社、二〇〇七年
ジェームズ・キング「中国版「金ぴか時代」の終焉」FINANCIAL TIMES 二〇二一年八月二七日付（日本経済新聞電子版 https://www.nikkei.com/article/DGKKZO75150750W1A820C2TCR000/）

近藤豊和「大統領の条件は体力!? ジョギング日課、禁酒禁煙も断行」産経新聞二〇〇三年六月二五日朝刊
時事通信社「特集 オバマ語録」https://www.jiji.com/jc/v2?id=20091112obama_words_03
菅伸子『あなたが総理になって、いったい日本の何が変わるの』幻冬舎新書、二〇一〇年
野上忠興『安倍晋三——沈黙の仮面』小学館、二〇一五年
服部倫卓「「ルカシェンコ94」をアンインストールせよ——ベラルーシ民主派の悲壮な戦い」『世界』、二〇二〇年
ナフタリ・ベンデビッド編（松島恵之訳）『OBAMA オバマの真実』朝日新聞出版、二〇〇九年
森喜朗、田原総一朗『日本政治のウラのウラ』講談社、二〇一三年
渡辺勉「ブッシュ米大統領の告白録音暴露 麻薬使用『否定してない』」『朝日新聞』二〇〇五年二月二八日付夕刊三面

【著者】
栗下直也（くりした なおや）
1980年東京都生まれ。2005年、横浜国立大学大学院博士前期課程修了。現在、著述業。専門紙記者を経て、22年に独立。おもな著書に『人生で大切なことは泥酔に学んだ』（左右社）がある。

平凡社新書１０２５
政治家の酒癖
世界を動かしてきた酒飲みたち

発行日――2023年３月15日　初版第１刷

著者――栗下直也
発行者――下中美都
発行所――株式会社平凡社
〒101-0051 東京都千代田区神田神保町3-29
電話 (03) 3230-6580［編集］
(03) 3230-6573［営業］
印刷・製本―株式会社東京印書館
ＤＴＰ――株式会社平凡社地図出版
装幀――菊地信義

ISBN978-4-582-86025-2
平凡社ホームページ　https://www.heibonsha.co.jp/